日藏王勃集

圖版

鳳凰出版社

圖版目次

壹　正倉院詩序

王勃於越州永興縣李明府送蕭三還齊州序
嗟乎不遊天下者安知四海之交不涉河梁者豈識別離之
恨陵松披薜琴樽為得意之親臨遠登高烟霞是賞
心之事亦當將軍塞上詠蘇武之秋風隱士山前歌王孫之
春草故有梁孝王之下客濮是南河之南孟嘗君之上賓予
在北山之北寄屬一王作家中之主四皓為方外之思俱遊萬物
之間相遇三江之表許玄度之清風朗月時馳相思王逸少之
脩竹茂林屢陪歡宴加以惠而好我攜手同行或登吳會而
聽越吟或下宛委而觀禹穴良談落之金石絲竹之音暉雅習
飄飄松竹風雲之氣狀當此時也嘗謂連城無他鄉之別斷金
有同好之親契生平於張范之年齊物我於惠莊之歲雖三光
迴薄未殫投分之情四序循環誰盡忘言之道豈期我留子往
樂去悲來攜溝水而東西寄浮雲於南北況乎泣窮途於白首
白首非離別之秋歎歧路於他鄉他郎豈是銷之窮途以哉郡

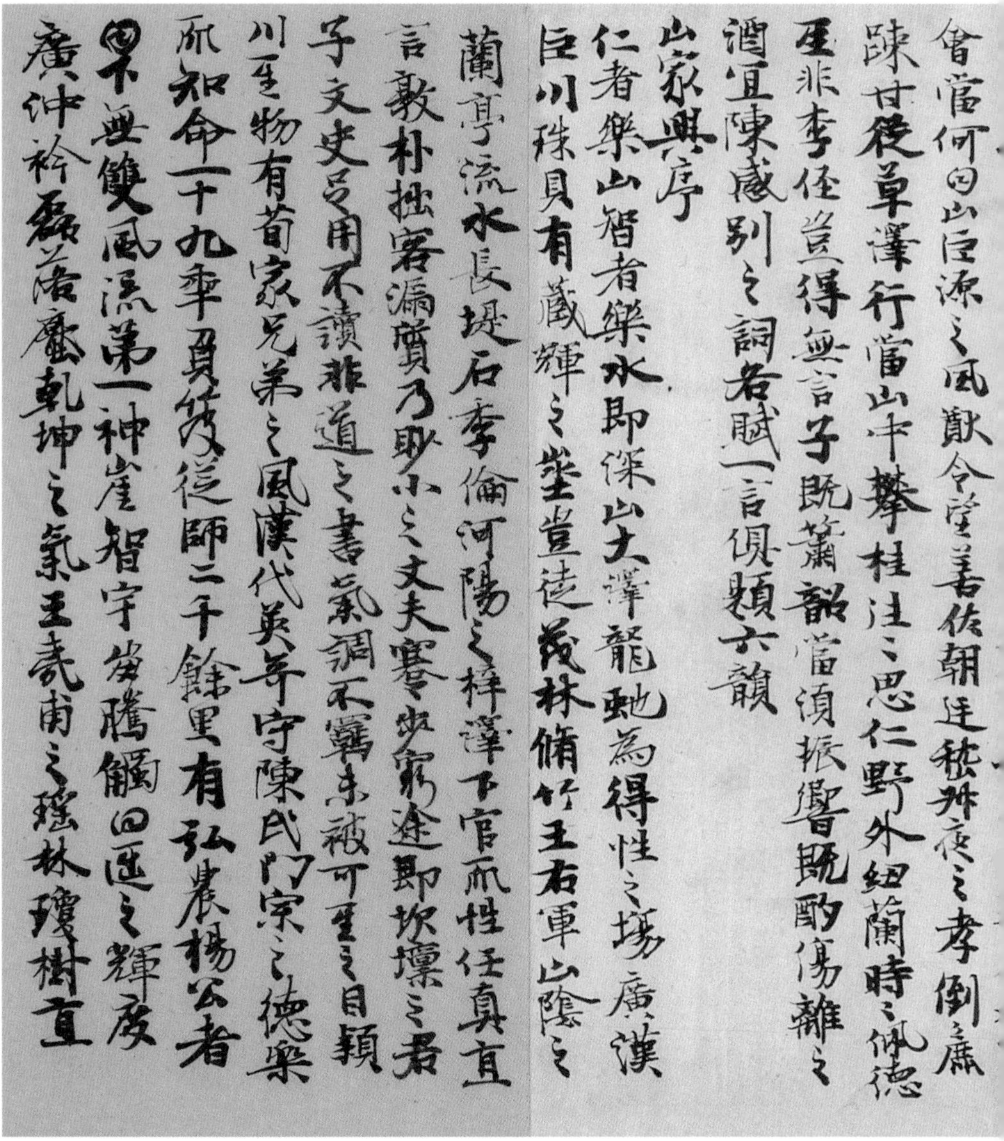
會當何因山臣源之風歟今望善佐朝廷夙夜之孝倒庶
踈甘從草澤行當山中攀桂注之思仁野外紐蘭時之佩德
匪非李任豈得無言子既蕭韶當須振響既酌傷離之
酒宜陳感別之詞各賦一言俱題六韻
山家興序
仁者樂山智者樂水即深山大澤龍虵為得性之場廣漢
巨川珠貝有藏輝之壑豈徒茂林脩竹王右軍山陰之
蘭亭流水長堤石季倫河陽之梓澤下官㭊性任真直
言敦朴拙容漏質乃取小之文夫蹇步窮途即坎壈之君
子文史足用不讀非道之書氣調不羈未被可至之目頼
川至物有荀家兄弟之風漢代英奇守陳氏門宗之德樂
所知命一十九年負笈從師二千餘里有弘農楊公者
日下無雙風流第一神崖智宇蛍騰觸回逸之輝度
廣沖衿蘊落壓乾坤之氣玉彙甫之瑤林瓊樹直

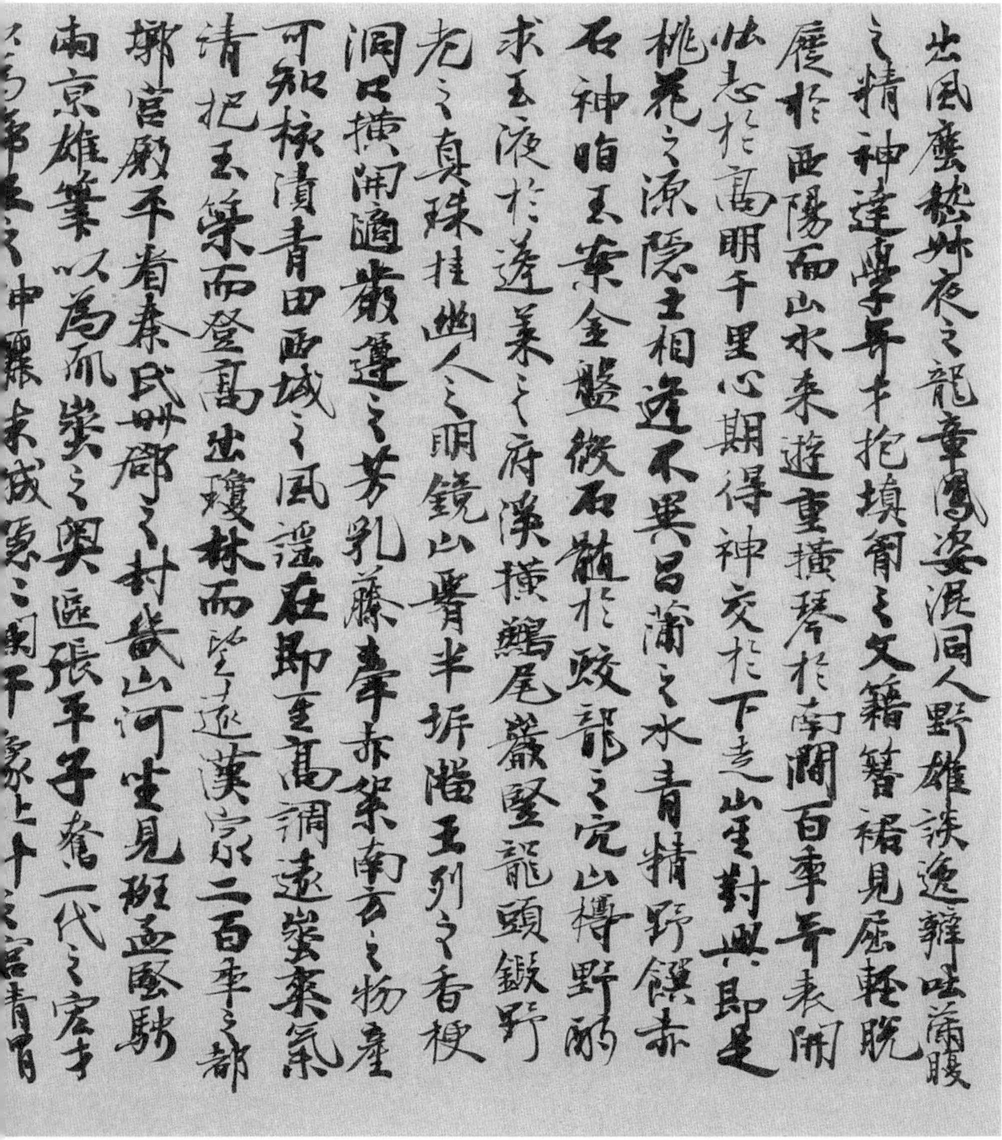
出風塵慇然夜之龍章鳳姿混同人野雄談逸辯吐蕭腹
之精神達學年十抱墳胥之文籍暫稽見屈輕脫
屣於西陽而山水來遊重横琴於南澗百年帝表開
懷志於高明千里心期得神交於下走出里對典即是
桃花之源隱士相逢不異昌蒲之水青精野饌赤
石神餡玉案金盤徵石髓於蛟龍之穴山樽野酌
求玉液於蓬萊之府溪横鶴尾巖竪龍頭鍛野
光之真珠挂幽人之明鏡山胥半坼溜玉列之香梗
洞口横開適巖遵之芳乳藤牽赤紫南方之物產
可知梗漬青田西域之風謠在耶重高调遠燮禁氣
清把玉笙而登高出瓊林而迷遊漢宗二百年之都
鄉宫闕平看秦氏卅郡之封畿山河坐見班孟堅騁
兩京雄筆以為符巢之奥區張平子奮一代之宏才

當軒鶗鴂春泉親風花而滿谷

秋日宴山庭序

若夫爭名於朝廷者則冠蓋相趍遁迹於丘園者則
林泉見託雖語嘿非一物我不同逍遙皆得性之場
動息並自然之埊故有李處士者遠辭濠上來遊
鏡中披白雲以開筵俯青溪而命酌昔時西北則我埊
之琳瑯今日東南乃他鄉之竹箭又此夜乘查之客由
對仙家坐菊之賓尚臨清賞既而依稀舊識歎吴
鄭之班荊樂莫新交申孔郯之傾蓋向時朱夏俄
謝素秋金風生而景物清白露下而光陰晚逢前郁
菉饒聽鳴蟬野外蘆花行看江上數至之内紙
度琴罇百年之中少時風匹於蘭亭有昔時之
會竹林無今日之歡丈夫不縱志於生平何屈節

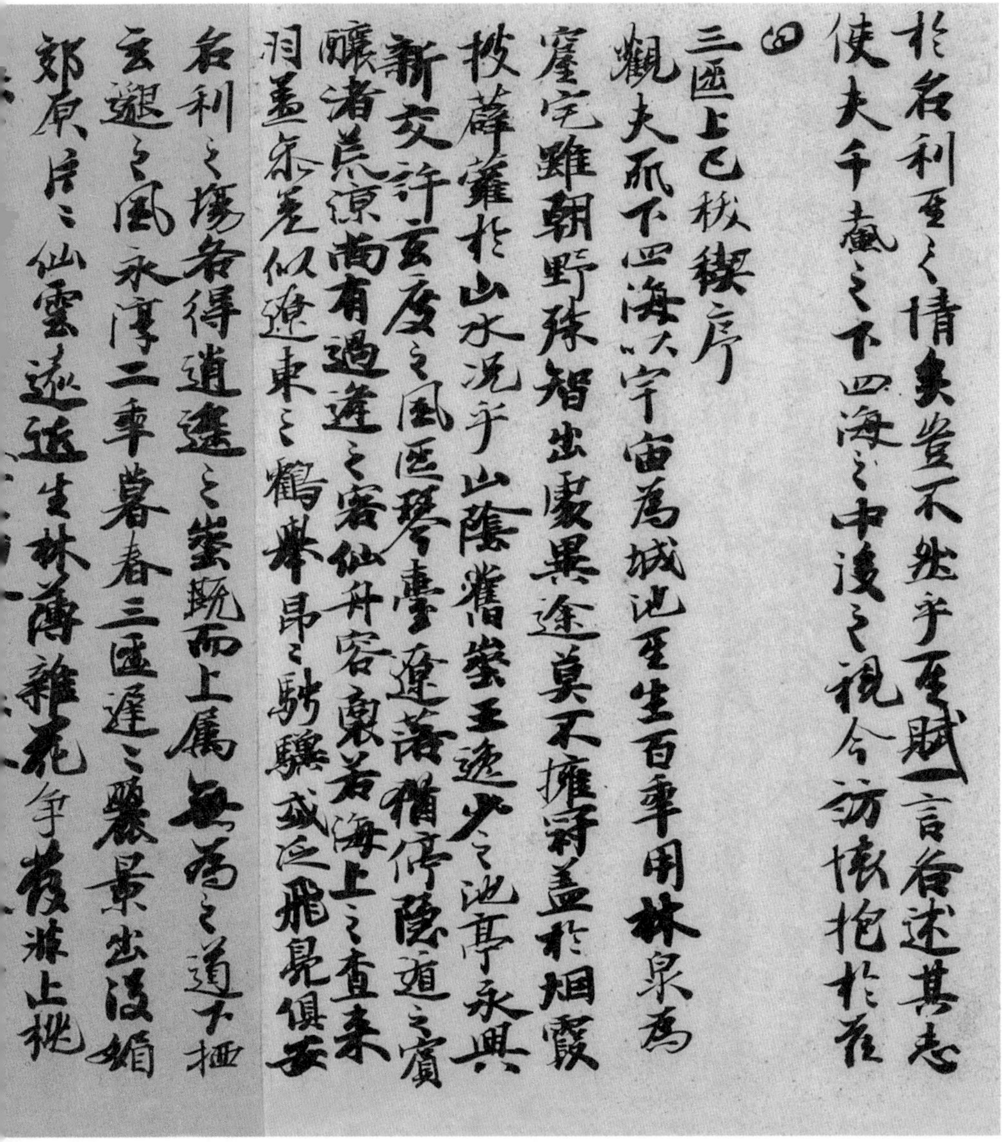
於名利至之情矣豈不然乎至賦一言各述其志
使夫千載之下四海之中後之視今猶懷抱於茲
四
三匝上巳祓禊序
觀夫天下四海以宇宙為城池至生百年用林泉為
窟宅雖朝野殊智出處異塗莫不擁冠蓋於烟霞
披薜蘿於山水況乎山陰舊墅王逸少之池亭永興
新交許玄度之風匝琴臺遼落猶停隱遁之賓
釀渚荒涼尚有過逢之客仙舟容裔若海上之查來
羽蓋參差似遼東之鶴舉昂之駟驥或從飛鳧俱安
名利之場各得逍遙之業既而上屬無為之道下揖
玄邈之風永淳二年暮春三匝遲之麗景出沒媚
郊原之仙雲遨遊生林薄雜花爭發淥上桃

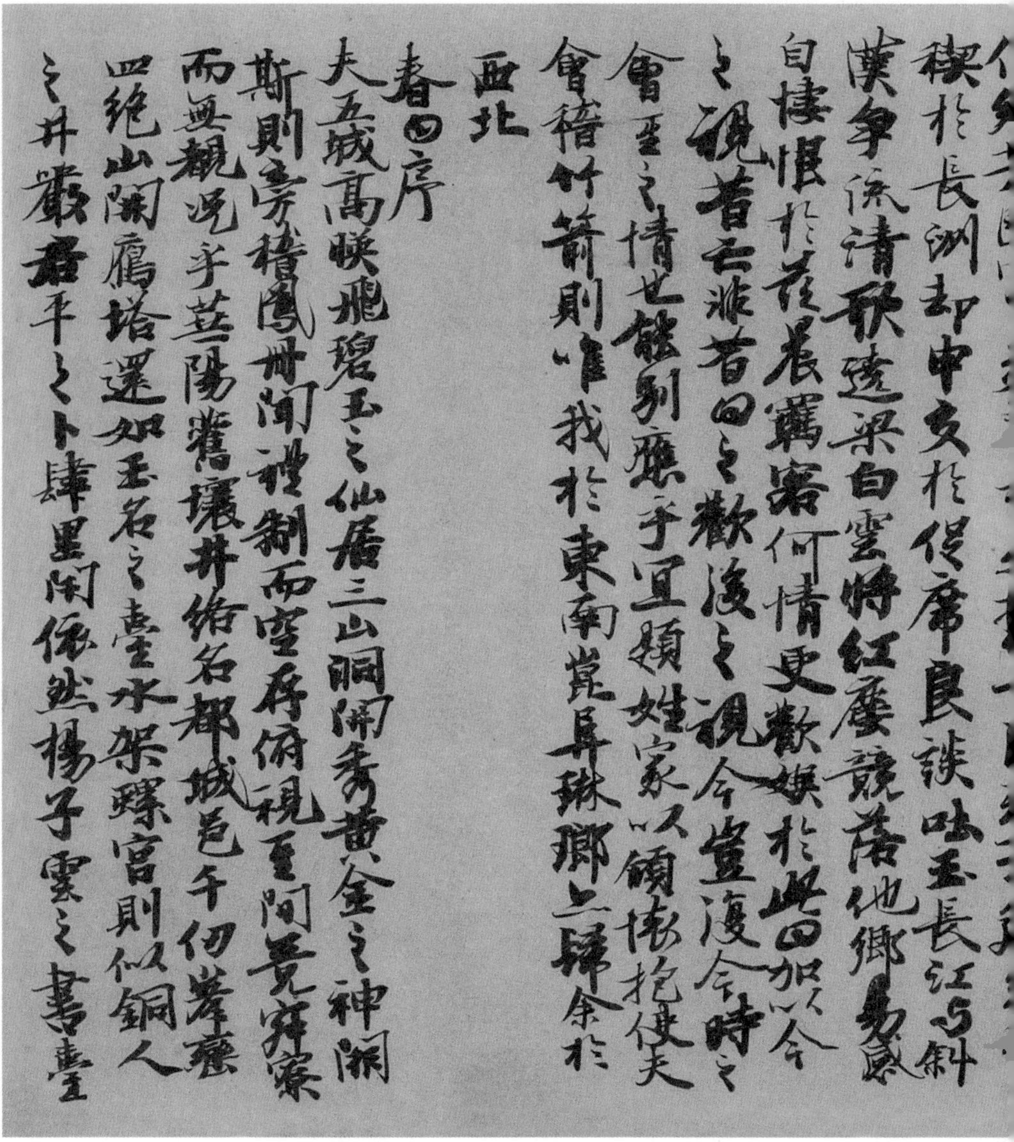
禊於長洲却申交於促席良談吐玉長江与斜
漢争流清歌遶梁白雲将紅塵競落他郷易感
自悽恨於玆辰羈客何情更歡娯於此日加以今
之視昔亦非昔日之歡後之視今豈復今時之
會盛之情也能別離乎宜題姓家以領懐抱使夫
會稽竹箭則惟我於東南崑阜琳瑯亦歸余於
西北
春日序
夫五城高暎飛碧玉之仙居三山洞開秀黄金之神闕
斯則旁稽鳳冊聞禮制而空存俯視玉閣覚寂寥
而無覩況乎華陽舊壌井絡名都城邑千仞峰巒
四絶山開雁塔還如玉名之臺水架螺宮則似銅人
之井厳君平之卜肆里閈依然楊子雲之書臺

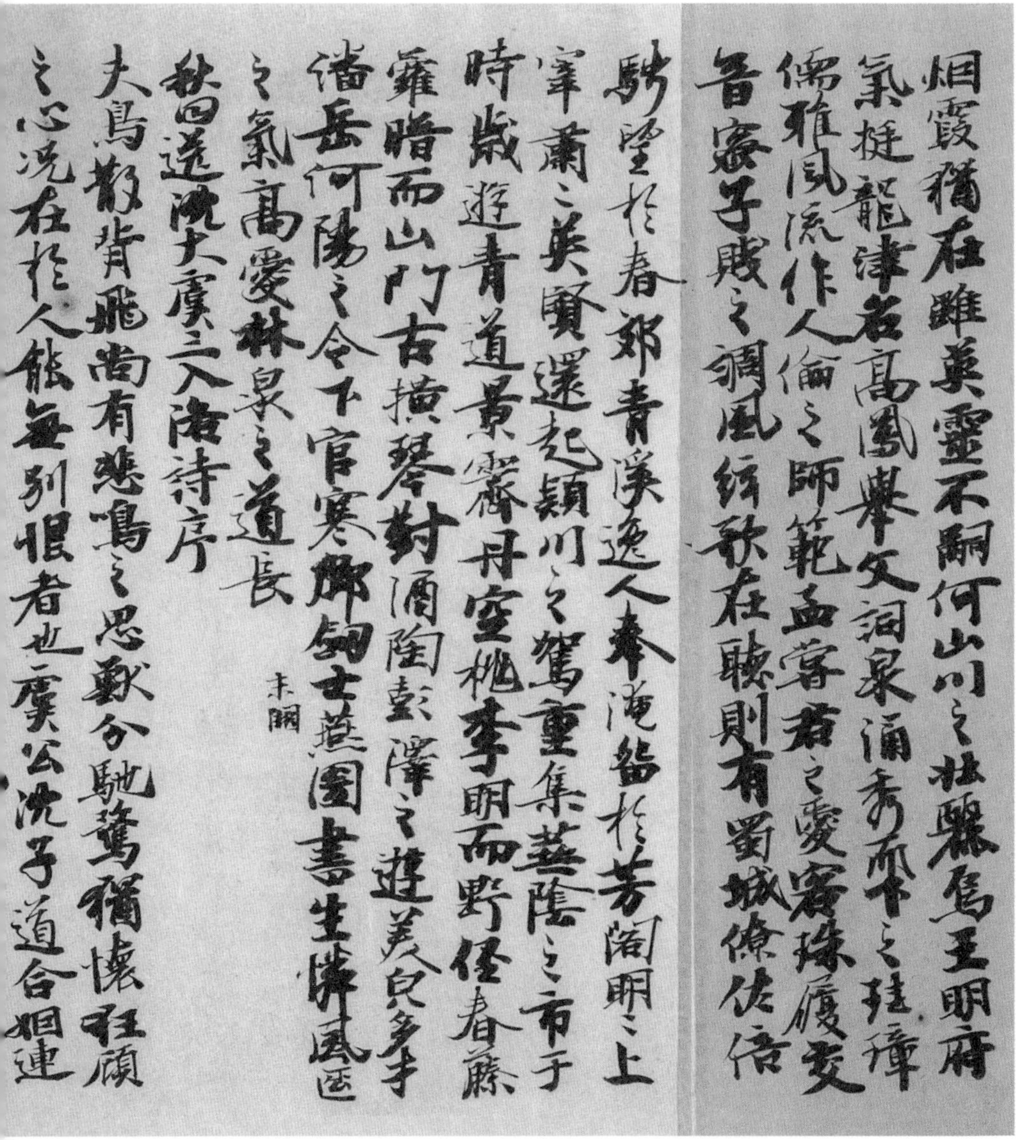
烟霞猶在雖英靈不嗣何山川之壯麗焉王明府
氣挺龍津名高鳳舉文詞泉涌秀而下之璋
儒雅風流作人倫之師範盂嘗君之愛客珠履交
音宓子賤之調風絃歌在聽則有蜀城僚佐陪
騁望於春郊青溪逸人奉淹留於芳閣明之上
宰肅之英賢還起潁川之駕重集華陰之市于
時歲遊青道景霽丹空桃李明而野徑春藤
蘿暗而山門古擕琴對酒陶彭澤之遊美良多乎
潘岳河陽之令下官寒鄉劍士燕國書生攜風匝
之氣高愛林泉之道長
未删
秋日送沈大虞三入洛詩序
夫鳥散背飛尚有悲鳴之思獸分馳騖猶懷狂顧
之心況在於人能無別恨者也虞公沈子道合姻連

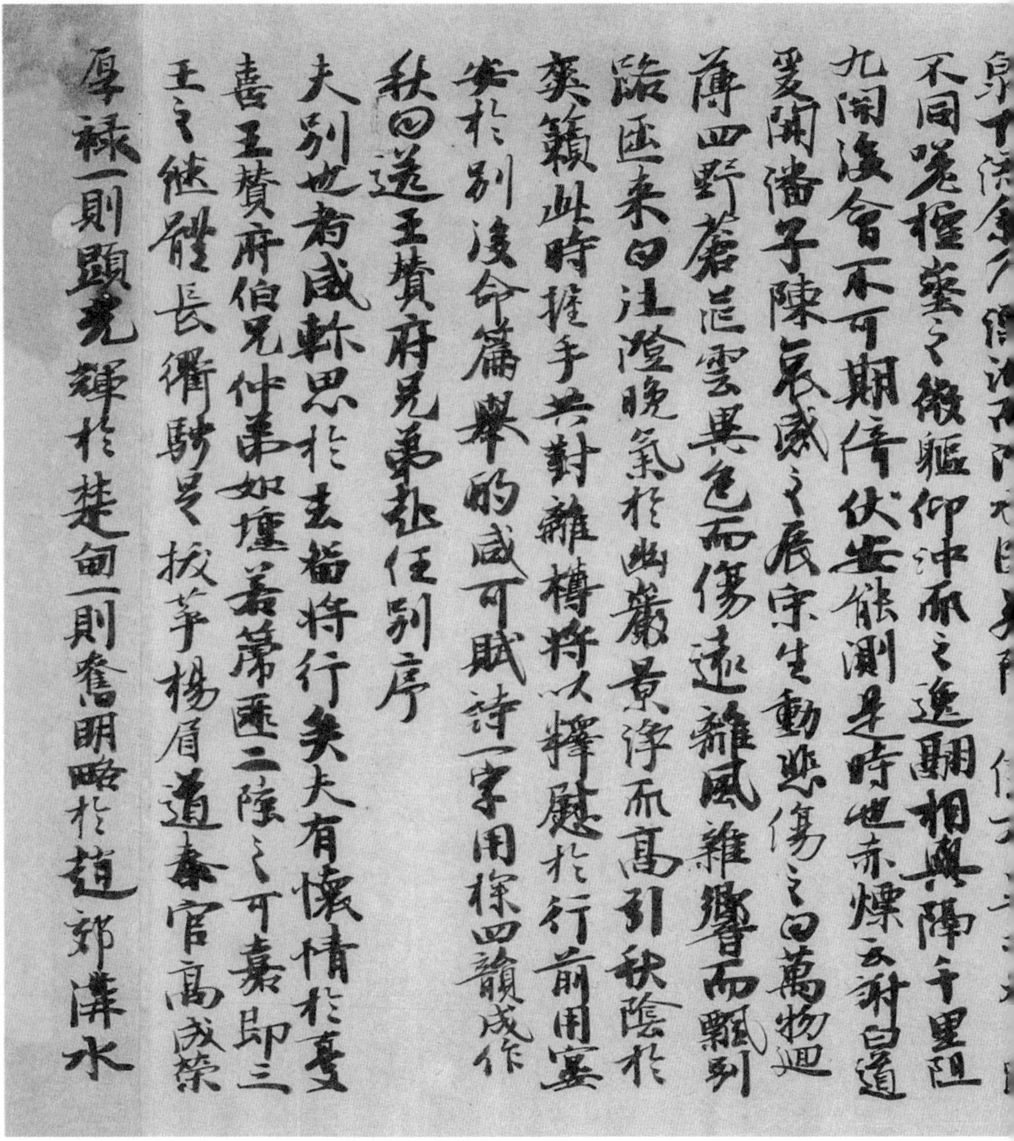
不同嗟極塞之微軀仰沖霄之逸翮相與陪千里阻
九閑後會不可期倍伏安能測是時也赤熛云謝白道
爰開潘子陳悲感之辰宋生動悲傷之日萬物迴
薄四野蕭條雲異色而傷遠雁風雜響而飄別
路匪來曰注澄晚氣於幽巖景淨而高引秋陰於
爽籟此時攜手共對離樽將以釋慰於行前用寫
安於別後命篇舉酌咸可賦詩一字用探四韻成作
秋日送王贊府兄弟赴任別序
夫別世者咸歎思於去猶將行矣夫有懷情於憂
喜王贊府伯兄仲弟如壎若箎匪二陸之可嘉即三
王之繼體長衢騁足拔萃揚眉道泰官高威榮
厚祿一則顯光輝於楚甸一則奮明略於趙郊溝水

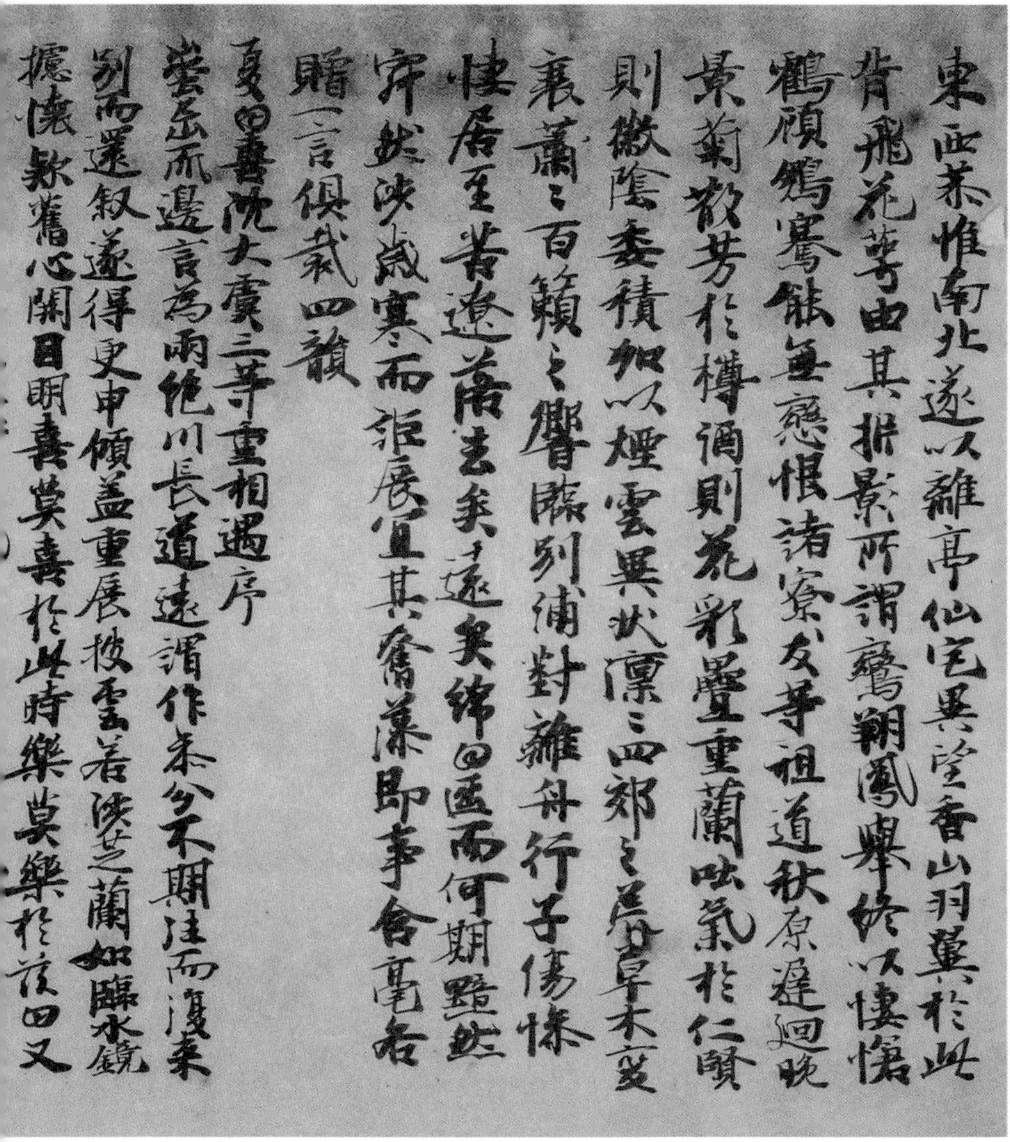

東西楽惟南北遂以離亭仙宅異望香山羽翼於此
背飛花萼由其拱景所謂鸞翔鳳舉終以悽愴
鶴顧鴛騖能無戀恨諸寮友等祖道秋原凝迴晚
景菊散芳於樽酒則花彩疊重蘭吐氣於仁賢
則徽陰委積加以煙雲異狀凜凜四郊之草木變
衰蕭蕭百籟之響臨列浦對離舟行子傷悽
悽居至者遼落去矣遠矣綿回遥而何期蹔然
穿然淡歳寒而詎展宜其奮藻即事含毫各
贈一言俱裁四韻

夏日喜沈大虞三等重相遇序
螢岳而邊言為雨絶川長道遠謂作参分不期往而復來
別而還叙遂得更申傾蓋重展披雲若淡之蘭如臨水鏡
攄懐款舊心開目明喜莫喜於此時樂莫樂於茲日又

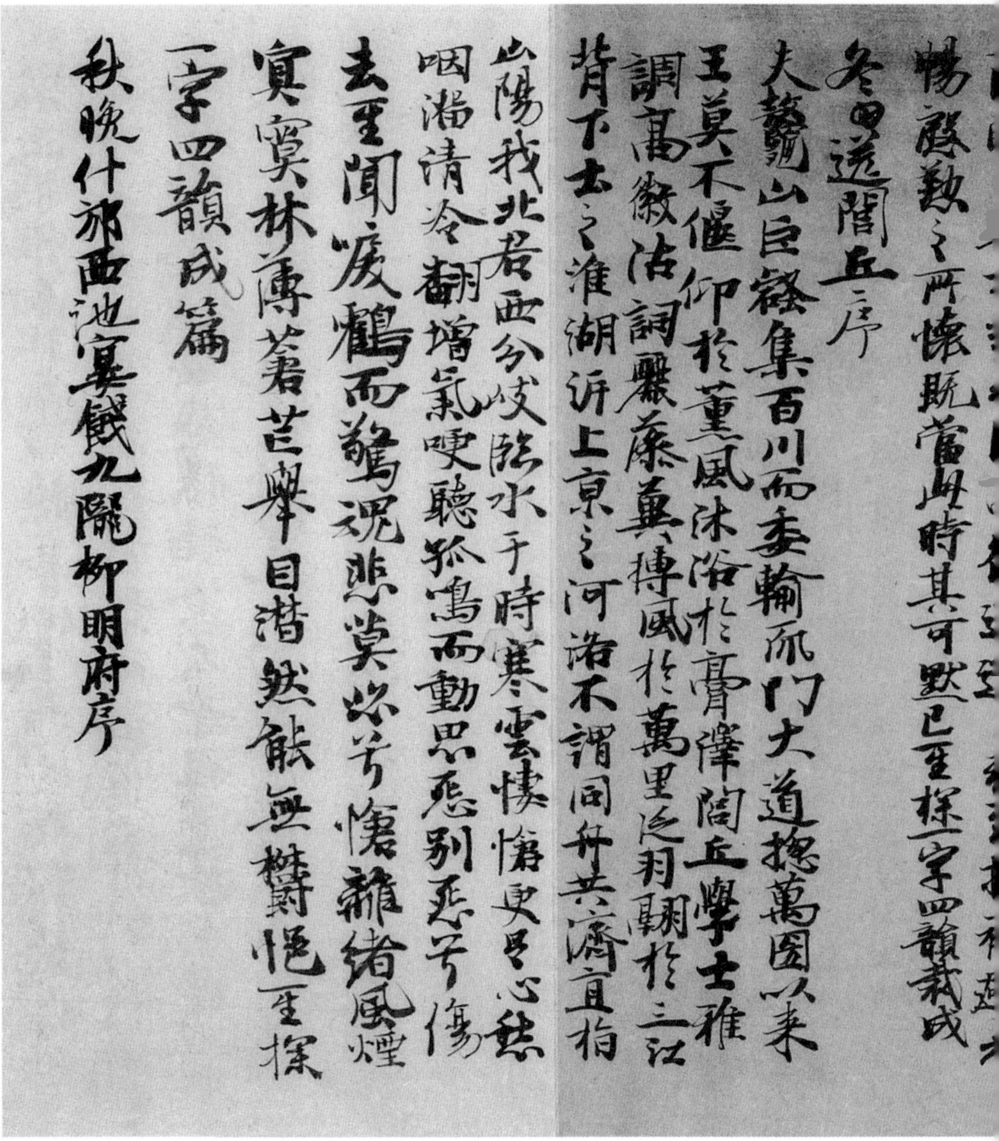

暢慇懃之所懷既當此時其可默已聊探一字四韻裁成

冬日送閭丘序

夫鼇山巨鎮集百川而委輸爪門大道總萬國以來

王莫不偃仰於薰風沐浴於膏澤閭丘學士雅

調高徽沽詞麗藻奠與搏風於萬里逸翮於三江

背下土之淮湖泝上京之河洛不謂同舟共濟直指

山陽我北君西分岐臨水于時寒雲悽惨更足心悲

咽溜清冷翻增氣哽聽猿鳴而動思感別恧兮傷

去聖聞嫉鶴而驚魂悲莫悲兮懷離緒風煙

寘寞林薄蓍芭舉目潸然能無鬱悒聊探

一字四韻成篇

秋晚什邡西池宴餞九隴柳明府序

若夫春江千里長減楚客之詞秋水百川獨肆馮夷
之賞亦有扶蘭花於溱洧採蓬葉於湘湖亭皐丹
桂之津源水紅桃之徑斯則龍堂貝闕興偶於琴罇蘭
橇荷裳車徧於江漢未有一同高選神怡吏隱
之間三蜀良遊道勝浮沉之際屬秋風之極浦
下明𠥱之幽潭別錦帆於廻汀艤瑤橈於曲嶼柳
明府籍銅章之暇景訪道鄰郭薛明府錦化之
餘閑追驪妙境司馬少以陽池可作具仙舟於南浦之
前下官以溝水難留攀桂席於西津之曲同聲相應共
駐絃歌同氣相求自欣蘭蕙瓊卮列湛玉俎騈芳烟霞
舉而原野晴鴻鴈起而汀洲夕蒼々葭菼傷白露之
遷時淡々波瀾喜青蘋之在矚既而雲生岐路霧

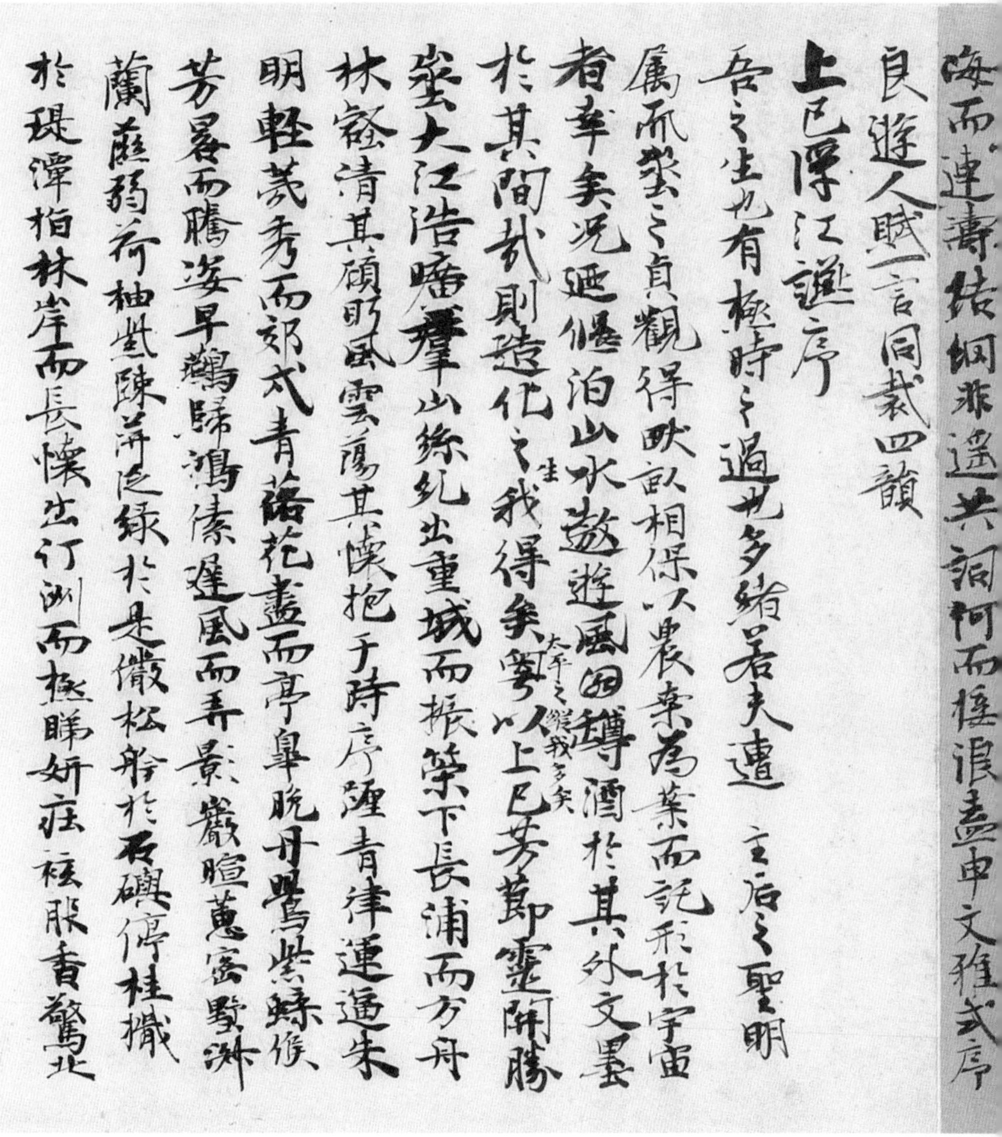

海而連濤結綱非遥共泂阿而極浪盡申文雅式序
良遊人賦一言同裁四韻
上巳浮江讌序
吾之生也有極時之過也多緒若夫遭　主后之聖明
屬𠀑埊之貞觀得畎畝相保以農桑爲業而託形於宇宙
者幸矣況逍遥泊山水遨遊風月樽酒於其外文墨
於其間哉則造化之生我得矣太平之縱我多矣人以上巳芳節雲開勝
埊大江浩曠羣山紛糾出重城而振策下長浦而方舟
林壑清其顧盼風雲蕩其懷抱于時序躔青律運遇朱
明輕荑秀而郊戍青落花盡而亭皐晚丹鶯紫蝶候
芳晷而騰姿早鷁歸鴻俟迅風而弄景巖暄蕙密野淑
蘭滋弱荷抽紫踈萍泛綠於是儼松舲於石磯停桂檝
於璅潭指林岸而長懐出汀洲而極睇姸莊袨服香驚北

渚之風翠幙玄帷彩綴南津之霧若乃尋曲㟁歷廻溪榜
謳齋引瀁弄筝起飛砂濺石端流百勢翠嶮丹峯免當
萬色之有銀釣杞浪桂櫂翼於文竿瓊轄乘波躍青鱗
於畫網鍾期在聽玄雲白雪之琴阮籍同歸紫桂蒼梧
之酎既而情盤興遽景促時淹野晦闇晴山煙送晚方欲
披襟朗詠餞斜光於碧岫之前散髮長吟佇明月於青溪
之下高懷已暢壯思遥亡赴泉石而如歸仰雲霞而自負
昔周川故事趣傳曲洛之盃江甸名流始命山陰之筆盍遵
清轍共抑幽期俾後之視今亦猶今之視昔一言均賦六韻
齊疏雖復來者難誣輙以先成為次

聖泉宴序
玄武山趾有聖泉焉浸淫歷數百年矣乘巖
泌涌接磴分流砂堤石岸成古人之遺跡也若乃

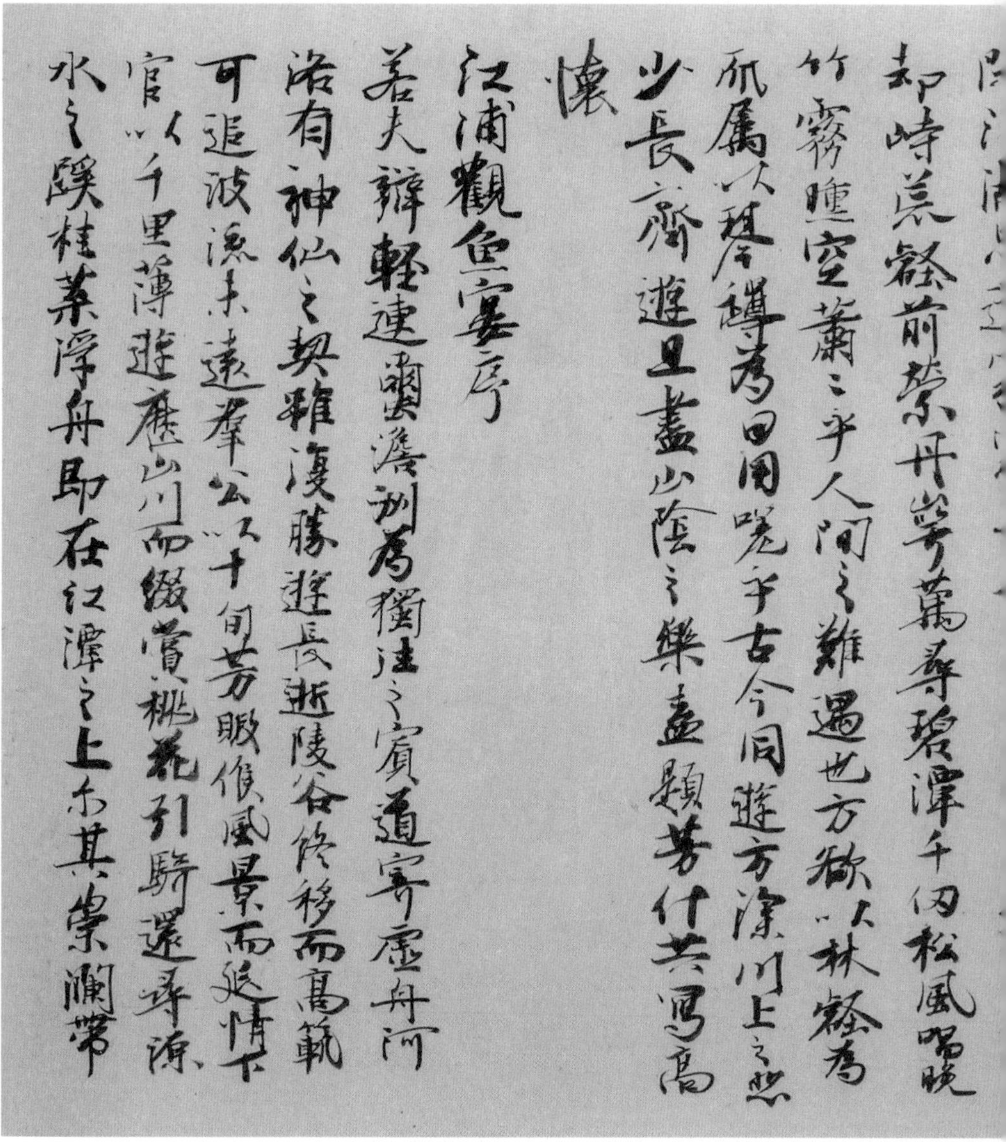
[illegible]
却峙嶷巖前縈丹嶂萬尋碧潭千仞松風唱晩
竹霧曛空蕭蕭乎人間之難遇也方欲以林壑為
天屬以琴罇為日用嗟乎古今同遊方深川上之悲
少長齊遊且盡山陰之樂盍題芳什共寫高
懷
江浦觀魚宴序
若夫辯輕連翼瀁洲為獨往之賓道寄虛舟河
洛有神仙之契雖復勝遊長逝陵谷終移而高範
可追波瀾未遠群公以十旬芳暇假風景而延情下
官以千里薄遊歴山川而綴賞桃花引騎還尋源
水之蹊桂葉浮舟即在江潭之上亦其衆瀾帶

鑿巨浸浮派傍玉甸而横流指金臺而委輸飛湍
驟激猶驚白鷺之濤斷浪奔迴若赴黄牛之峽於
是分桂檝動蘭橈嘯漁子於平溪引鮫人於洞穴
沙林石磧環矚翡翠之竿瓊轄銀鈎下映茱萸之
網玄鈎兕尾登鳳几而霜雜素鱮紫鱗掛鷺刀而雪
泛瑶觴間動玉箸駢羅興促神融時淹景遽于時
平皐春返林野晴歸曾浦波恬長崖霧息傾望
積霧斜連北渚之煙帶柳低風下拂西津之氣俯汀
洲而目極楚塞疑存想濠水而神交蒙莊不死道
之存矣超然四海之間可傳乎千載之不朽請抽
文律共抒情懷人賦一言四韻成作

与邵鹿官宴序

邵少鹿少以休沐乘春開仲長之別館追以榛遊

還相逢何暇邊城之思盡飄芳翰共寫良遊振穢
院之頹交細泉雲之絶緣心乎愛矣夫豈然乎人
賦一言俱四韻云尓

仲冬園宴序

僕不幸在流俗而嗜煙霞常恨林泉不比德而嵇阮
不同時而處懷良辰而樽之仰高風而杼軸者多矣
豈知夫司馬卿之車騎上客盈門仲長統之園林群
英在席坐卧南廓蕭條東野暮江浩曠晴山紛
積壺觴鴟鷺之樓曜遠江暎之多材顧斜景而危心
瞻大雲而變色思傳勝踐敢振文鋒蓋同席者高
人薛曜等耳盍各賦詩放懷叙志俾山川獲申於
知己烟霞受制於吾徒也

梓潼南江泛舟序

咸亨二年六月癸巳梓潼縣令韋君以清湛幽凝鎮
靜流俗境內無事艤舟於江潭縱觀丘壑眇然
有山林陂澤之思遂長懷悠想周覽極睇思其人
則呂望坐茅於磻磎之陰屈平製芰於涔陽之浦
覺瀛洲方丈森然在目於是間以投壺雜以妙論上有
嘉餚旨酒清絃朗笛以黼藻幽尋之致焉預于斯者
若干人爾

餞宇文明府序

昔者王烈登山林泉動色嵇康入座左右生光豈非似
表足以感神貞姿可以鎮物況我巨山之凉之孤出界
英之巖之清峙韋公之好善下官之惡俗樓覲裳
於勝席陪鶴塵於中軒俱希狀俗之標各杖專門之
氣烟霞用足江海情多言泉共秋水同流詞峯與夏

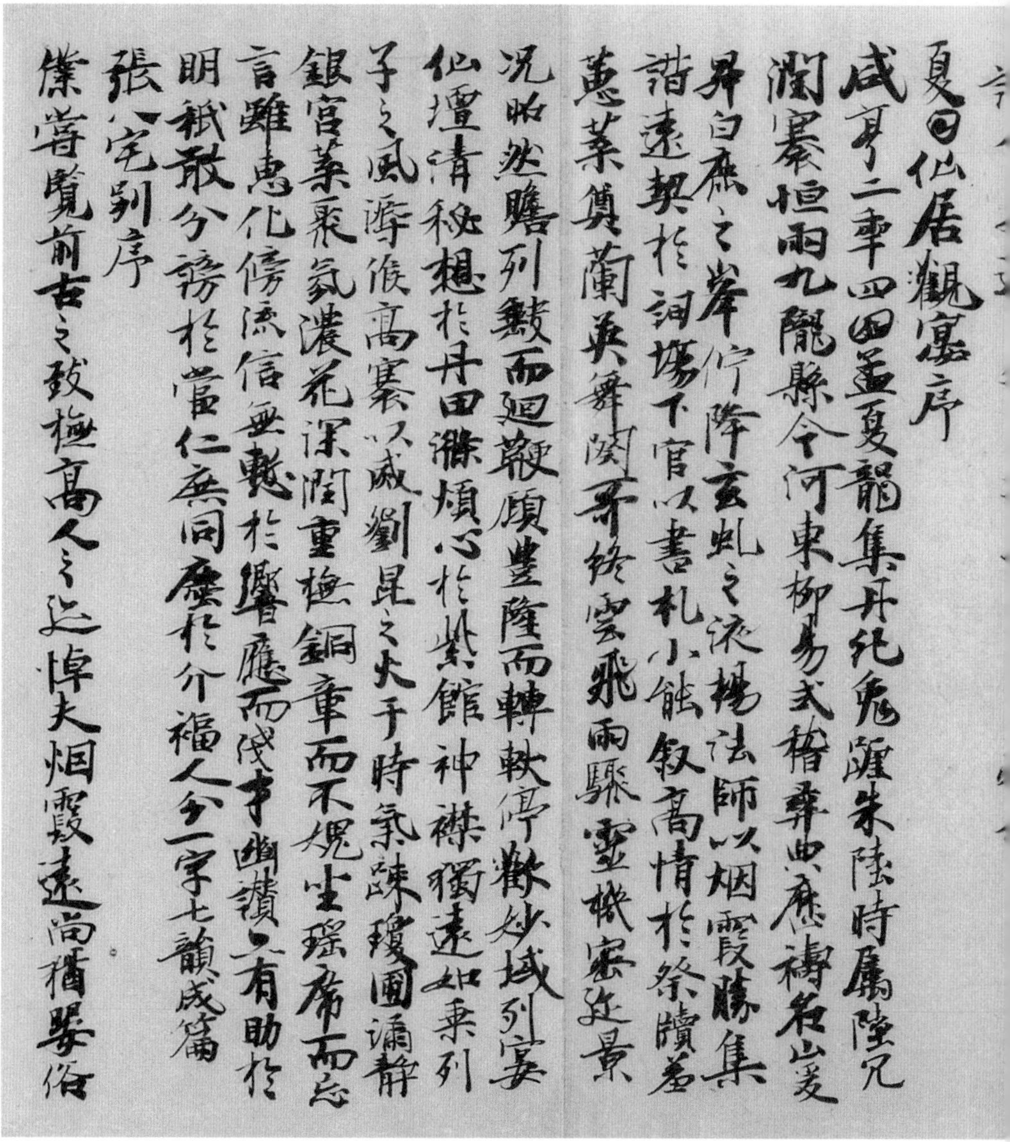
夏日仙居觀宴序
咸亨二年四月孟夏龍集丹紀兔躔朱陸時屬陸兄
澗褰恒雨九隴縣令河東柳易式稽彝典歷禱名山爰
昇白鹿之峯佇降玄虬之液楊法師以烟霞勝集
諧遠契於詞場下官以書札小能叙高情於祭牘蓋
蕙葉具蘭英舞閑荊絲雲飛雨驟靈機密邇景
況昭然瞻列岫而迴鞍顧豐隆而轉軑停歡妙域列宴
仙壇清秘想於丹田澂煩心於紫館神襟獨遠如乘列
子之風濟從高褰以滅劉昆之火于時氣疎瓊圃溜靜
銀宮葉聚氣濃花深澗重極銅章而不愧坐瑤席而忘
言雖惠化傍流信無慙於響應而戍事幽讚足有助於
明祇敢分謗於當仁無同塵於介福人分一字七韻成篇
張八宅別序
襟嘗覽前古之致極高人之迹悼夫烟霞遠尚猶嬰俗

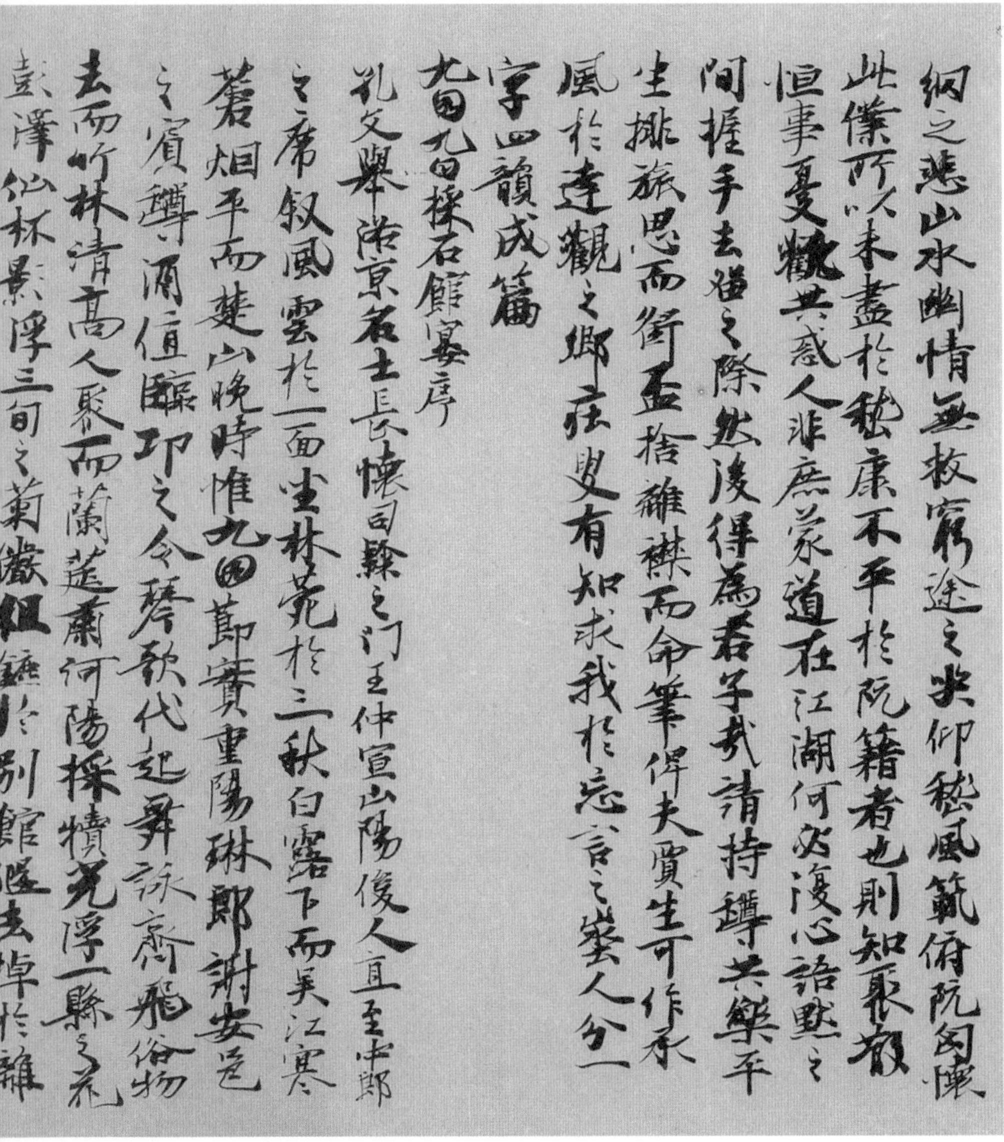
綱之悲山水幽情無救窮途之哭仰嵇風範俯阮胸懷
此僕所以未盡於嵇康不平於阮籍者也則知聚散
恒事憂歡共感人非鹿豕道在江湖何必復心語默之
間握手去留之際然後得爲君子哉請持罇共樂平
生排旅思而銜盃捨離襟而命筆俾夫賈生可作承
風於達觀之鄉莊叟有知求我於忘言之契人分一
字四韻成篇
九月九日採石館宴序
孔文舉洛京名士長懷司隸之門王仲宣山陽俊人直至中郎
之席敘風雲於一面坐林苑於三秋白露下而吳江寒
蒼烟平而楚山晚時惟九日節實重陽琳郎謝安邕
之賓罇酒値臨邛之令琴歌代起舞詠齊飛俗物
去而竹林清高人聚而蘭蓮肅河陽採犢兒浮一縣之花
彭澤仙杯影浮三旬之菊徵組鏕於別館遥去卓於雜

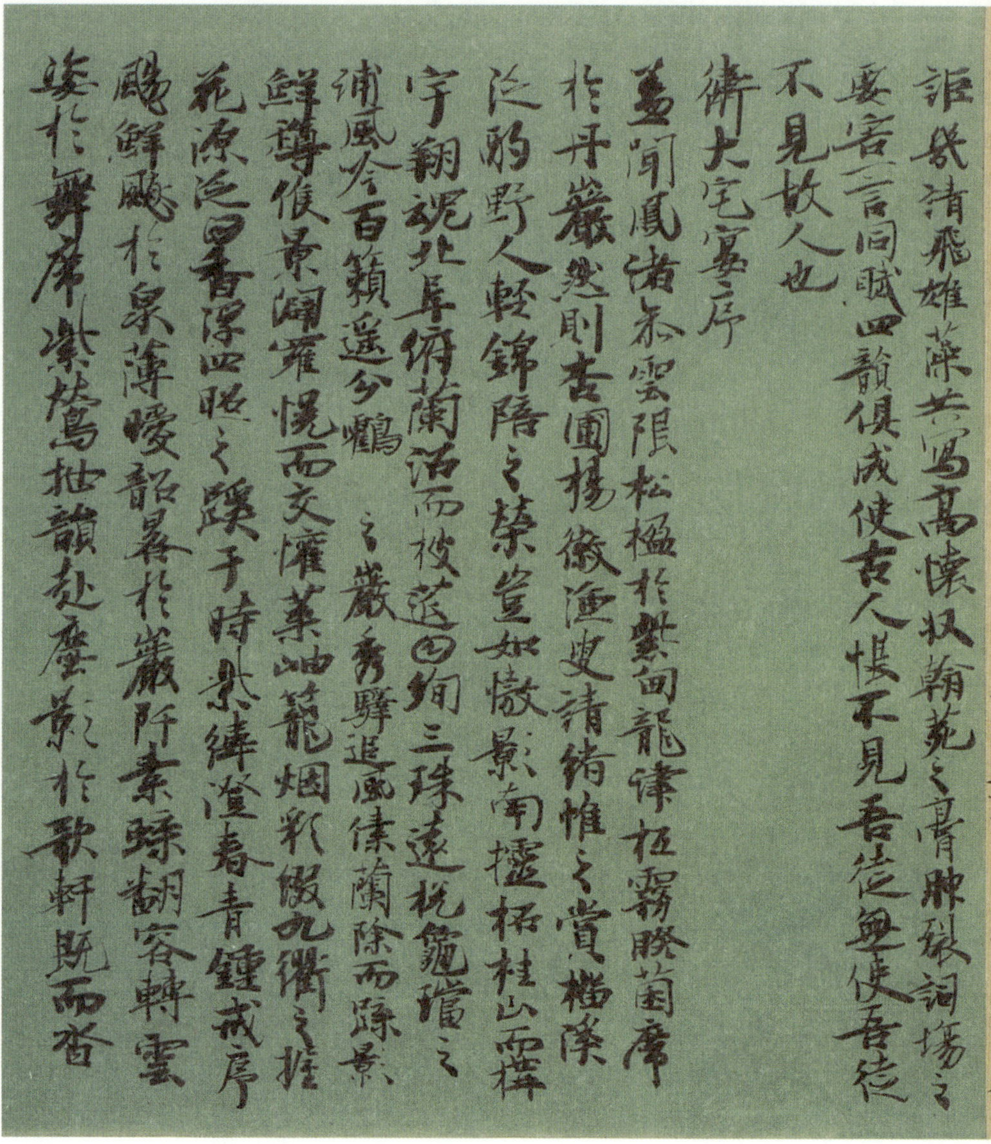

詎知清飛雄藻共寫高懷扠翰苑之膏腴綴詞場之
要害一言同賦四韻俱成使古人恨不見吾徒無使吾徒
不見故人也
衛大宅宴序
蓋聞鳳渚參雲限松楹於紫甸龍津控霧睠菌序
於丹巖然則杏圃揚徽漁叟請緒帷之賞松篠
從駒野人輕錦陪之榮豈如檄影南擾栖桂山而構
宇翻䃭北阜俯蘭沼而披迳〇絢三珠遠枕龜瑄之
浦風分百籟遙分鶴之巖秀驛延風傃蘭除而疏景
鮮蕁候景瀾羅幌而文櫳葉岫籠烟彩綴九衢之樓
苑源泛日香浮四照之蹊于時景緯澄春青鍾戒序
颸鮮飈於泉薄暖韶暮於叢巖阡素縈翻容轉雲
姿於舞席柴燕鳥拙讃赴塵影於歌軒既而沓

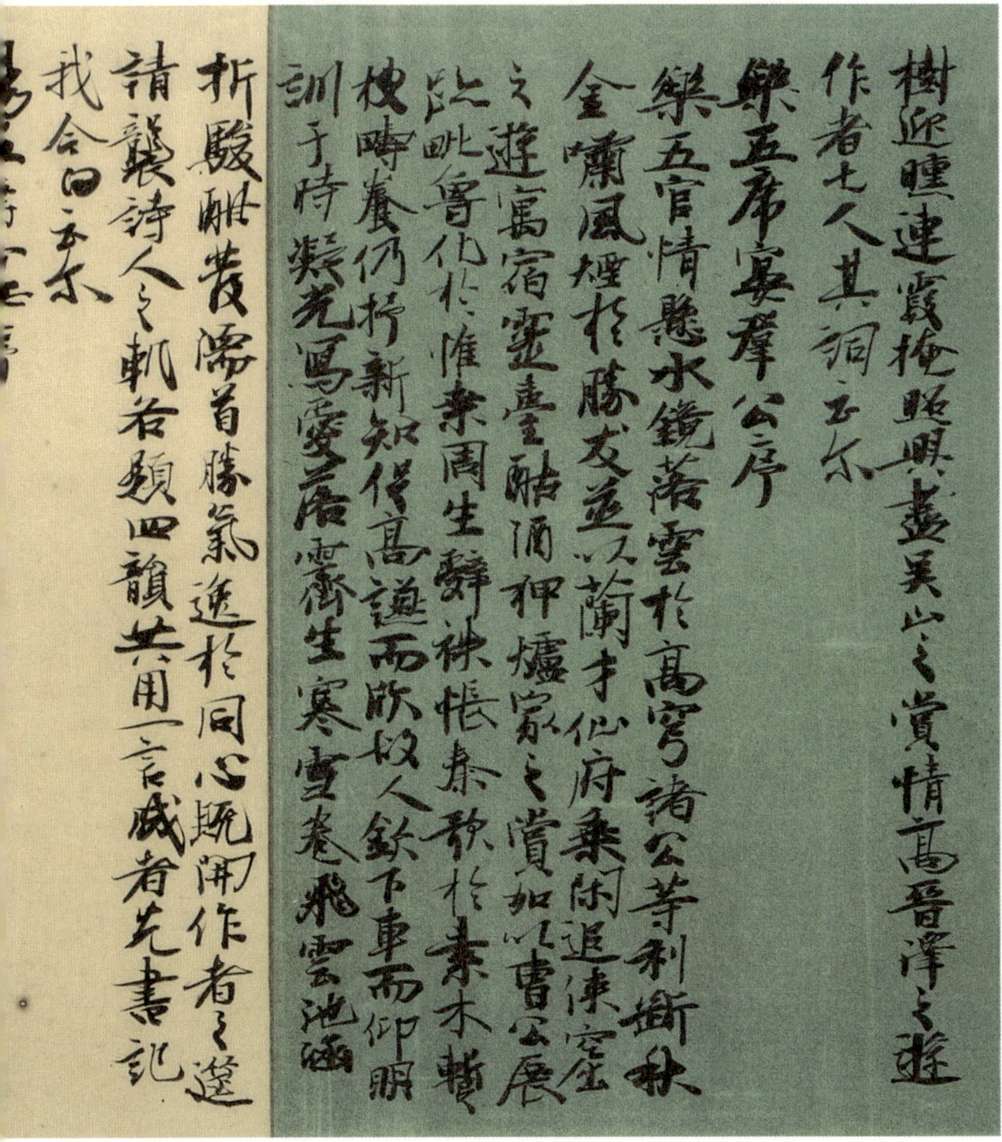

樹迎暉連霞掩照與盡吳山之賞情高晉澤之遊
作者七人其詞云尒

樂五席宴群公序

樂五官情懸水鏡落雲於高穹諸公等利斷秋
金嘯風煙於勝友並以蘭才仙府乘閑追涼空
之遊寓宿靈臺酤酒押爐家之賞如以曹公展
跡此曾化於惟乘周生辭袂帳恭歡於赤木贊
棲疇養仍捋新知從高遊而欣故人欽下東而仰朋
訓于時凝光寫愛落露齊生寒雲卷飛雲池涵
折驗酬贊陽首勝氣遊於同心既開作者之遊
請襲詩人之軌各題四韻共用一言成者先書記
我合曰云尒

極故有百年風囝浪形丘壑之間四海山川投跡江湖
之外豈若情高物表樂在人間遊方一面新知
千里清言滿席復存王粲之門濁酒盈罇即
坐陳蕃之榻何必口槐獨放浜蒼渚而驚魂烟賞
忘歸俯丹霄而練魄若斯而已哉盍各賦詩共旌
友會云爾

與員四等宴序

自然阮穿宋尹班超忽高蓮不關中霄詞賞故今惜芳
辰者停鶴軫於風衢懷幽者佇鸞觴於囝徑已矣
哉林壑遂喪烟霞少對良會不恒神交復發請
拔非常之思俱宣絕代之遊既同志於百齡求知己
於千載道之存矣無乃然乎人賦一言俱裁四韻

登綿州西北樓走筆詩序

山川崎日樓雉中天白雲引領蒼波極目視烟霞之浩曠
覽城肆之喧卑促羅薜於玄門降虹蜺於懸府取
樂樽酒相忘江漢思題勝引式序幽遊爰命下才圖
其宜矣人探一字四韻成篇云尒

秋日登洪府滕王閣餞別序
豫章故郡洪都新府星分翼軫地接衡廬襟三江
而帶五湖控蠻荊而引甌越物華天寶龍光射牛斗
之墟人傑地靈徐孺下陳蕃之榻雄州霧列俊寀星
馳臺隍枕夷夏之交賓主盡東南之美都督閻
公之雅望棨戟遙臨宇文新州之懿範襜帷暫駐
十旬休沐勝友如雲千里逢迎高朋滿席騰蛟起鳳
孟學士之詞府紫電青霜王將軍之武庫家君作
宰路出名區童子何知躬逢勝餞時惟九月序屬三

臺聳翠上出重霄飛閣翔丹下臨無埊鶴汀鳧渚窮
島嶼之縈迴桂殿蘭宮即岡巒之體勢披繡闥
俯雕甍山原曠其盈視川澤吁其駭矚閭閻撲埊
鐘鳴鼎食之家舸艦彌津青雀黃龍之舳虹銷雨霽彩
徹區明落霞與孤鶩齊飛秋水共長𠀑一色漁舟唱晚響
窮彭蠡之濱鴈陣驚寒聲斷衡陽之浦遙襟甫
暢逸興遄飛爽籟發而清風起纖歌凝而白雲遏睢園綠
竹氣淩彭澤之樽鄴水朱華光照臨川之筆四美具二難并窮
睇眄於中𠀑極娛遊於暇𡆠𠀑高埊迥覺宇宙之無窮
興盡悲來識盈虛之有數望長安於𡆠下目吳會於
間埊勢極而南溟深𠀑柱高而北辰遠關山難越誰悲失
路之人萍水相逢盡是他鄉之客懷帝閽而不見奉宣室
而何年嗟乎大運不齊命途多緒馮唐易老李廣難封屈賈
誼於長沙非無聖主竄梁鴻於海曲豈乏明時所賴君子安排
達人知命老當益壯寧移白首之心窮當益堅不墜青雲之

望酌貪泉而覺爽處涸轍而相驩北海雖遙扶搖可接東隅已
逝桑榆非晚孟嘗高潔空餘報國之情阮籍猖狂豈
效窮途之哭勃五尺微命一介書生無路請纓等終
軍之妙日有懷投筆愛宗慤之長風捨簪笏於百
齡奉晨昏於萬里非謝家之寶樹接孟氏之芳隣
他日趍庭叨陪鯉對今茲捧袂喜託龍門楊意不
逢撫陵雲而自惜鍾期既遇奏流水而何慙嗚呼
勝地不常盛筵難再蘭亭已矣梓澤丘墟臨
水贈言幸承恩於偉餞登高能賦是所望於群
公敢竭鄙懷恭疏短引一言均賦八韻俱成云尓

送劼赴太學序

今之遊太學者多矣咸一切欲速百端進取故夫
膚受末學者因利乘便經明行脩者名存實爽

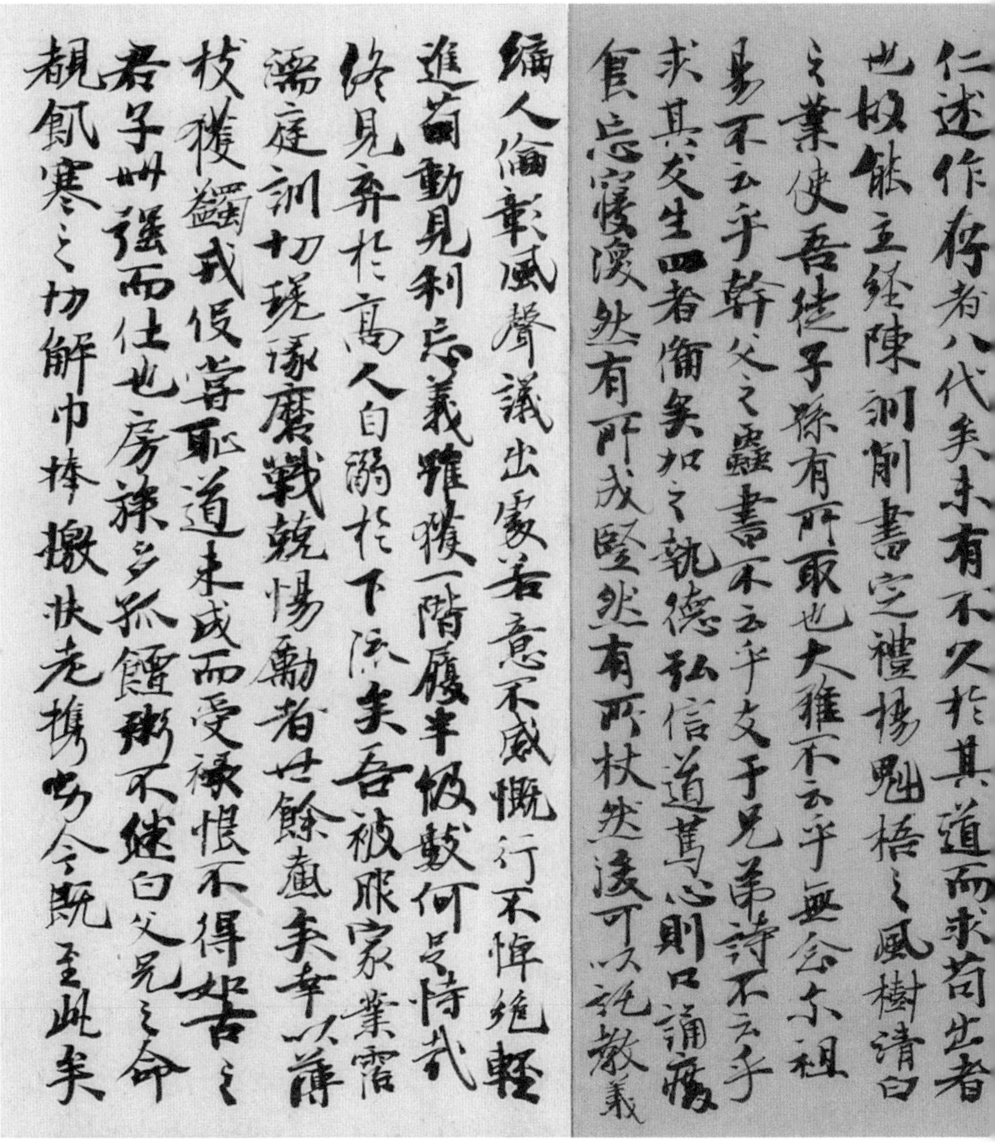

仁述作存者八代矣未有不久於其道而求苟出者
也故能立經陳訓刪書定禮揚魁梧之風樹清白
之業使吾徒子孫有所取也大雅不云乎無念爾祖
易不云乎幹父之蠱書不云乎友于兄弟詩不云乎
求其友生四者備矣加之執德弘信道篤心則口誦篇
食忘寢優浸然有所成堅然有所杖然後可以託教義
緝人倫彰風聲議出處若意不感慨行不悼絶輕
進苟動見利忘義雖獲一階履半級欺何足恃哉
終見棄於高人自溺於下流矣吾祓除家業習
濡庭訓切磋琢磨戰兢惕勵者廿餘歲矣幸以薄
枝獲霑戒假當恥道未成而受祿恨不得如古之
君子卅強而仕也房族多孫饘粥不繼白父兄之命
覩飢寒之切解巾捧檄扶老攜幼今既至此矣

不蠶而衣不耕而食吾何德以當之哉至於蠲小之
之心申猶子之道飲食衣服晨昏左右無幾乎
令汝無反顧之憂也行矣自愛遊必有方離別咫尺
未足耿耿嗟乎不有居者誰展色養之心不有行
者孰振揚名之業籩豆有踐水菽盡心盡者賦
詩敘離道意云尒

秋夜於綿州羣官席別薛昇華序

夫神明所貴者道也天地所寶者才也故雖陰陽同
功宇宙戮力山川崩騰以作氣星象磊落以降精於不
能五百年而生兩賢也故曰才難不其然乎今之羣
公並稟奇彩各杖異氣或江海其量或林泉其
識或簪裾其迹或雲漢其志不可多得也今並
集此矣豈英靈之道長而造化之功倍乎然漢之遥

故僕於羣公相知非不深也相期非不厚也然義有四海
之重而無同方之戚交有一面之深而非累葉之契故與
夫昇華者不其異乎嗟積潘楊之遠好同河汾之
靈液白首良友相依窮路是因秋也于時夕也他鄉秋
而白露寒故人去而青山對不其悲乎盍各賦詩衆

宇文德陽宅秋夜山亭宴序

若夫龍津宴喜棠仍登仙鳳閣靈玄門撰好事之有依
山驛水長想巨源秋風明月每思玄度未有能口馳一
介獨興緒於芳亭雲委八行杼勞思於綵筆遂
令聲蹀緘者攀勝集而長懷投轄者仰高筵而
不暇王子猷之獨興不覺浮舟嵇叔夜之相知乃知兩
御极分林泉可懷杖而遊千里同心煙霞可傳檄而
定友人河南宇文嶠清虛君子中山郎餘令風流名士或三

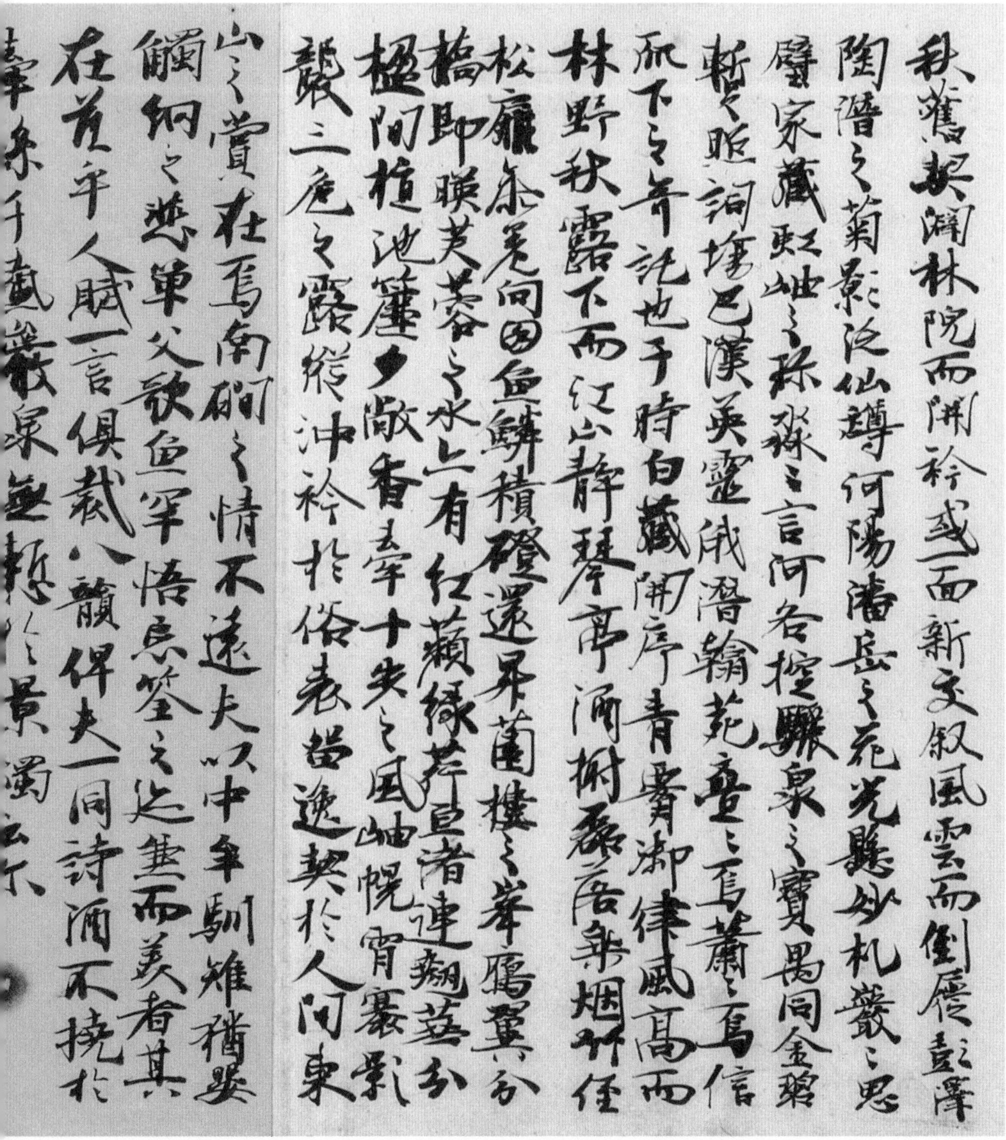
秋舊契闢林院而開衿或一面新交叙風雲而倒屣彭澤
陶潛之菊影泛仙樽何陽潘岳之花光懸妙札嚴之思
嚴家藏虹岫之珠璨璨之言何各控驪泉之寶曷同金碧
暫之照詞場巳漢英靈俄潛翰苑臺之高蕭之高信
而下之奇託也于時白藏開序青女御律風高而
林野秋露下而江山靜琴亭酒榭磊落乘烟竹徑
松扉參差向日魚鱗積磴還昇蘭樓之華鷹翼分
橋迴瞰芙蓉之水上有紅蘋綠芷亘渚連翹兹乃
樞間植池籬夕敞香牽十步之風岫幌宵褰影
襲三危之露縱沖衿於俗表留逸契於人間東
山之賞在焉南磵之情不遠夫以中年馴雉猶嬰
觸網之悲單父歌魚罕悟息筌之迹雖而美者其
在茲乎人賦一言俱裁八韻俾夫一同詩酒不撓於
毫筆千載巖泉無輟於景獨云尔

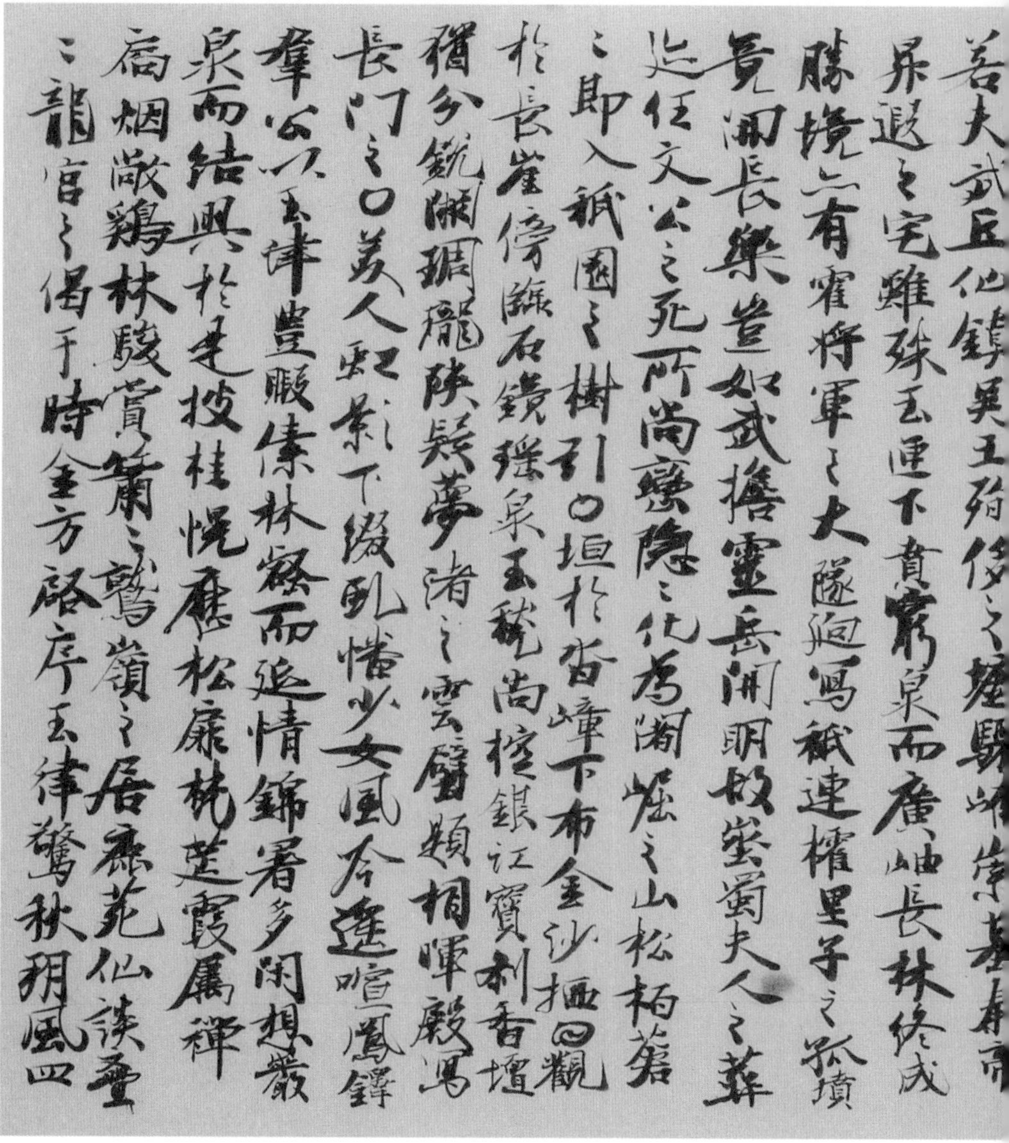

若夫武丘仙鎮呉王殉侈之墟驪山崇基秦帝
昇遐之宅雖珠玉匣下貴窮泉而廣岫長林終成
勝境亦有霍將軍之大隧迴寫祁連樗里子之孤墳
覓同長樂豈如武擔靈岳開明故蜀夫人之葬
迹任文公之死所尚靈龕之化為潤瀾之山松栢蒼
之即入祇園之樹引星垣於岧嶂下布金沙栖回觀
於長崖傍蹤石鏡瑤泉玉甃尚控銀江寶刹香壇
猶分鷲巖玲瓏接疑夢渚之雲璧頬相暉殿寫
長門之月美人虹影下綴虬幡少女風吟遥喧鳳鐸
羣公以玉律豐暇俠林壑而追情錦署多閑想巖
泉而結興於是披桂幌歷松扉梵筵霞屬禪
扃烟敞雞林駿賞蕭之鷲嶺之居蓮苑仙談疊
之龍宮之偈于時金方啓序玉律驚秋羽風四

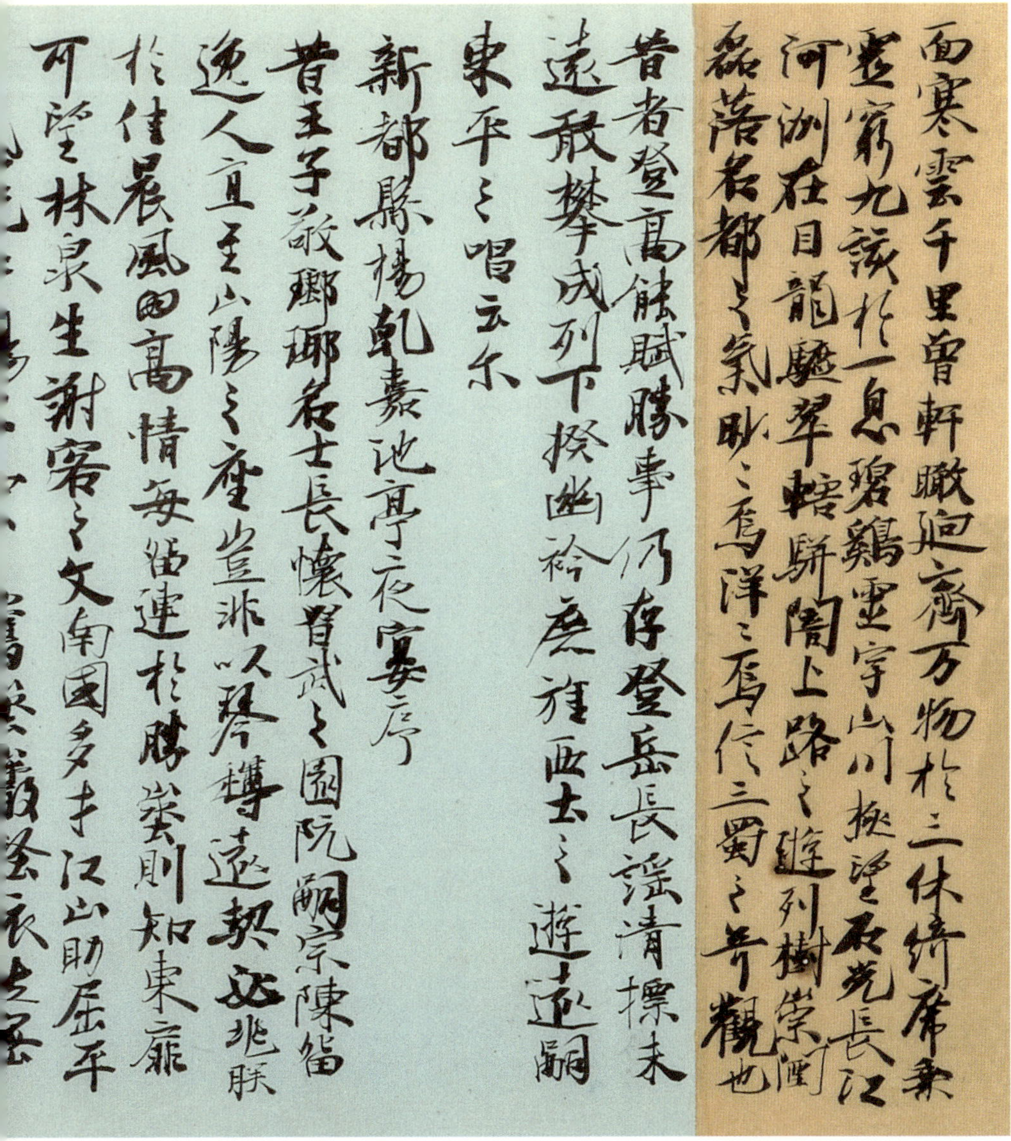
西寒雲千里曾軒瞰迥迢齊万物於三休綺席乘
虛窮九誂於一息碧雞靈宇山川極望石兕長江
河洲在目龍驂翠幄駢闐上路之遊列樹崇闉
磊落名都之氣咿咿焉洋洋焉信三蜀之奇觀也

昔者登高能賦勝事仍存登岳長謡清標未
遠敢攀成列下揆幽衿庶旌西土之遊嗣
東平之唱云爾

新都縣楊乹嘉池亭夜宴序

昔王子敬瑯琊名士長懷習武之園阮嗣宗陳留
逸人直至山陽之座豈非以琴樽遠契必兆朕
於佳辰風雨高情每留連於勝賞則知東扉
可望林泉生謝客之文南國多才江山助屈平

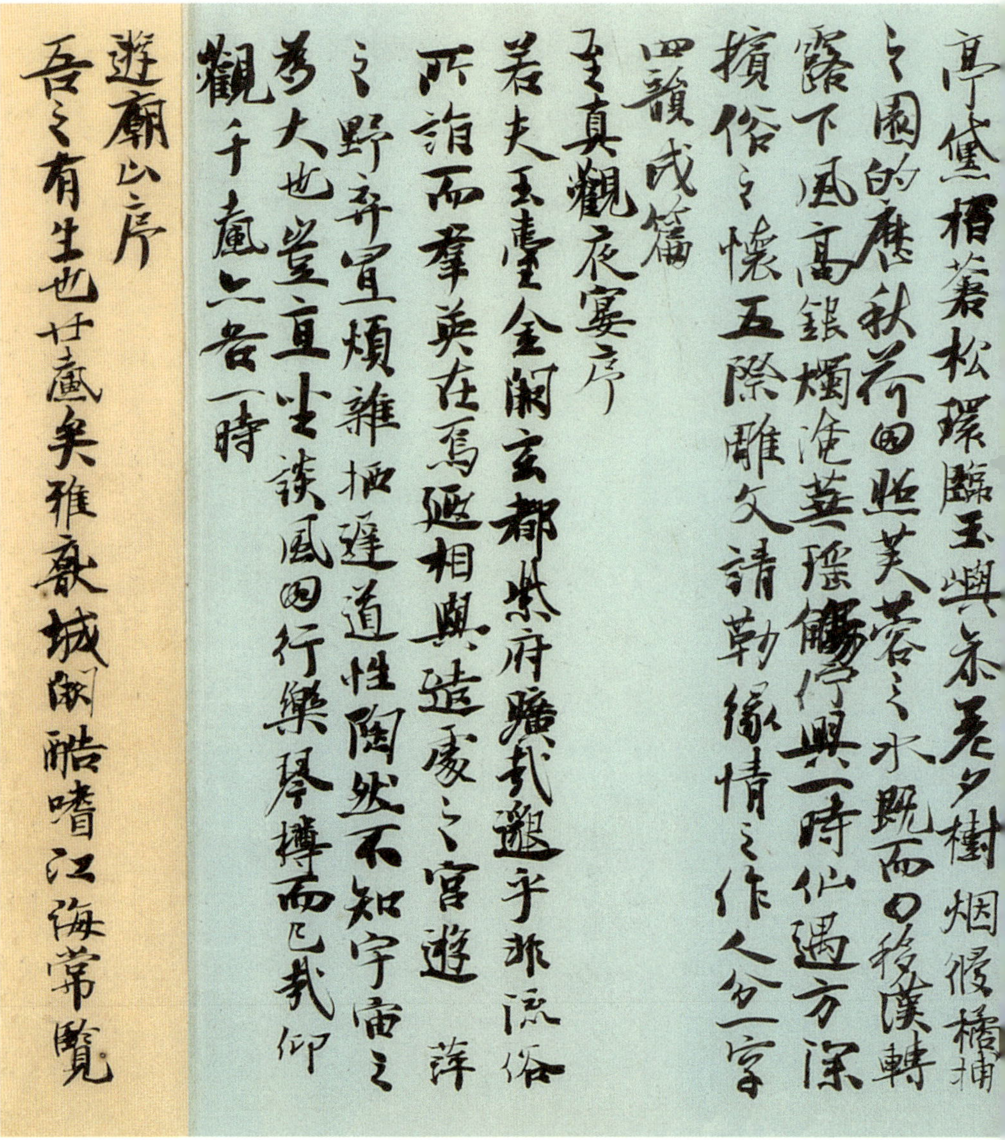
亭臺栖蒼松環臨玉嶼[illegible]老夕樹烟霞橋[illegible]
之園的歷秋荷因照芙蓉之水既而日移漢轉
露下風高銀燭淹華瑶觴佇興一時仙遇方深
擯俗之懷五際雕文請勒緣情之作人分一字
四韻成篇
至真觀夜宴序
若夫玉臺金闕玄都紫府曠哉邀乎非流俗
所詣而羣英在焉迺相與造處之宮遊萍
之之野弃置煩雜栖遲道性陶然不知宇宙之
為大也豈直坐談風月行樂琴樽而已哉仰
觀千龕之各一時
遊廟山序
吾之有生也廿載矣雅厭城闕酷嗜江海常覽

仙經博涉道記知軒冕可以理隱鸞鳳可以術待
而事親多衣食之虞登朝有聲利之迫清識滯
於煩城仙骨摧於俗境嗚呼阮籍意疎嵇康體
放有自來矣常恐運從風火身非金石遂令林壑
道喪烟霞版蕩此僕所以懷泉塗而惴恐臨山
河而歎息者也奥以勝友良暇相與遊於玄武西之
廟山蓋蜀郡之靈峯也山東有道居廟古老相
傳名焉爾其丹壁叢倚玄崖糺合俯臨万仞平視千
里乘杳冥之絕境屬芬華之暮節玉房跨霄
而懸居金臺出雲而高峙亦有野獸群狎山鶯
互囀崇松將巨柏爭陰積籟與幽湍合響
眇々焉迢々焉王孫可以不歸羽人可以長往其玄
都紫微之事耶方欲斂手鍾鼎息肩巖石

數我焉

秋晚入洛於畢公宅別道王宴序

下官才不曠俗識不動時充帝王之万姓
預乾以之一物早師周孔偶愛神宗晚讀
老莊重諧真性進非干物自昧朝市之説
退不邀榮誰識王侯之貴欸琴樽於北阜
嘉耕鑿於東陂野客披荷聲餘幽澗之人
賣藥忽至神州驚帝室之威靈偉皇居
之壮麗朝遊魏闕見軒冕於南宫暮宿靈
臺聞絃歌於北里鄉情獨放已厭人間野
性時馴少留都下道王以天孫之重分曲阜

之新基，畢公以帝忠之榮，擁平陽之舊
館。足塵鍾鼎，思在江湖；屈榮命於中朝，棲
風期於下走。綠藤朱轍，且混羅裳；列榭榮
軒，坐均蓬戶。賓主由其莫辯，語默於是
同歸。終大王之樂善，備將軍之挹客。是
日也，雲繁雨驟，氣爽風馳，高秋九月，王畿
千里。重扃向術，似元禮之龍門；甲第分衢，
有當時之驛騎。英王入座，醴酒還陳；高士
臨筵，推蘊不壅。是非雙遣，自然丘壑之間；
榮賤兩忘，何必山林之下。言談請論，泉石縱
橫；雄筆壯詞，烟霞狼藉。既而神融象外，宴
洽寰中。白露下而南亭虛，蒼烟生而北林晚。

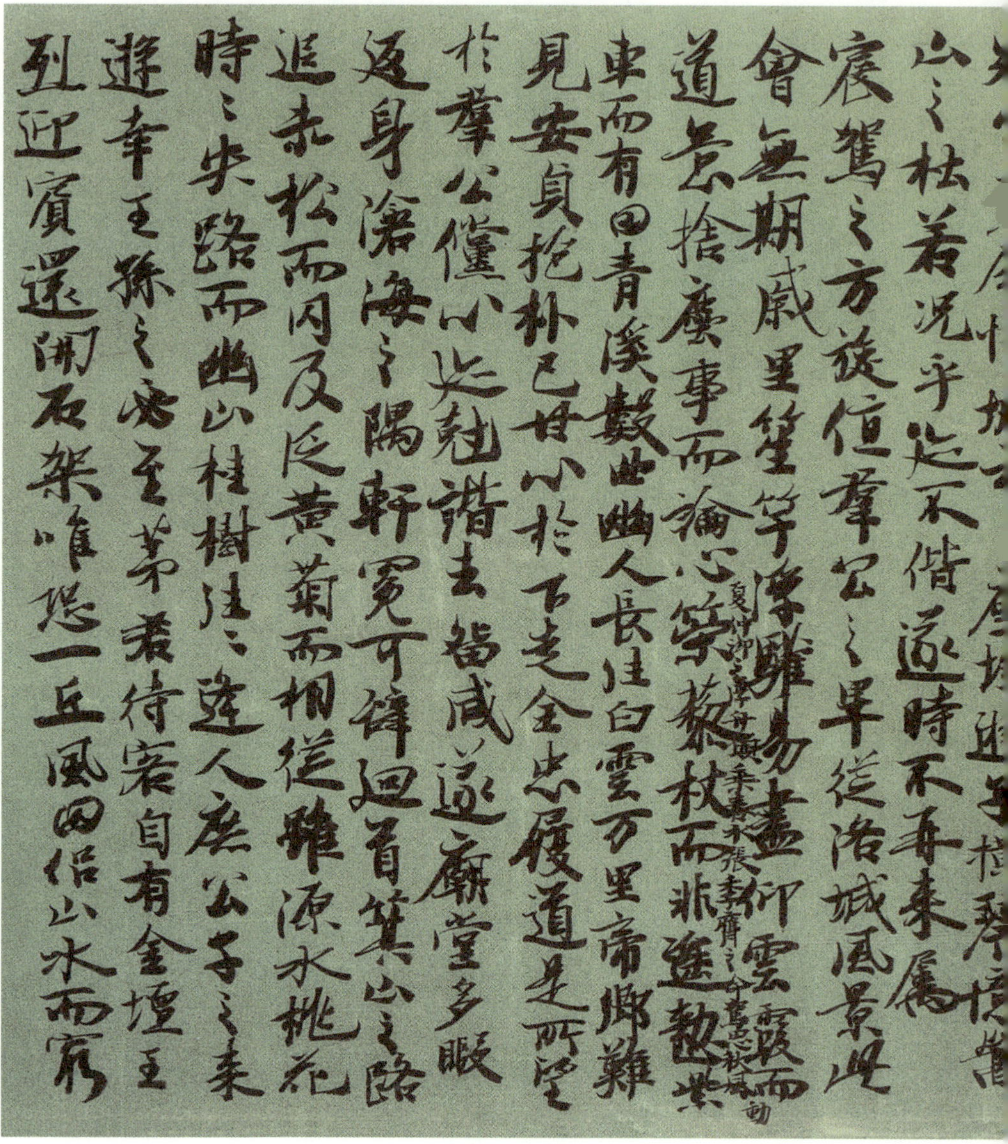
山之杜若況乎迨不偕遊時不再來屬
宸駕之方旋值群公之畢從洛城風景此
會無期戚里笙竽浮雖易盡仰雲霞而
道意捨塵事而論心策藜杖而非遙勳業
東而有田青溪數曲幽人長往白雲万里帝鄉難
見安貞抱朴已甘心於下走金忠履道是所望
於群公儻以是趨諧去留咸遂廟堂多暇
返身滄海之陽軒冕可辭迴首箕山之路
追赤松而內及追黃菊而相從雖源水桃花
時時尖路而幽山桂樹往往逢人屬公子之來
遊牽王孫之必至茅君侍宸自有金壇玉
烈迎賓還聞石架唯憑一丘風雨侶山水而窮

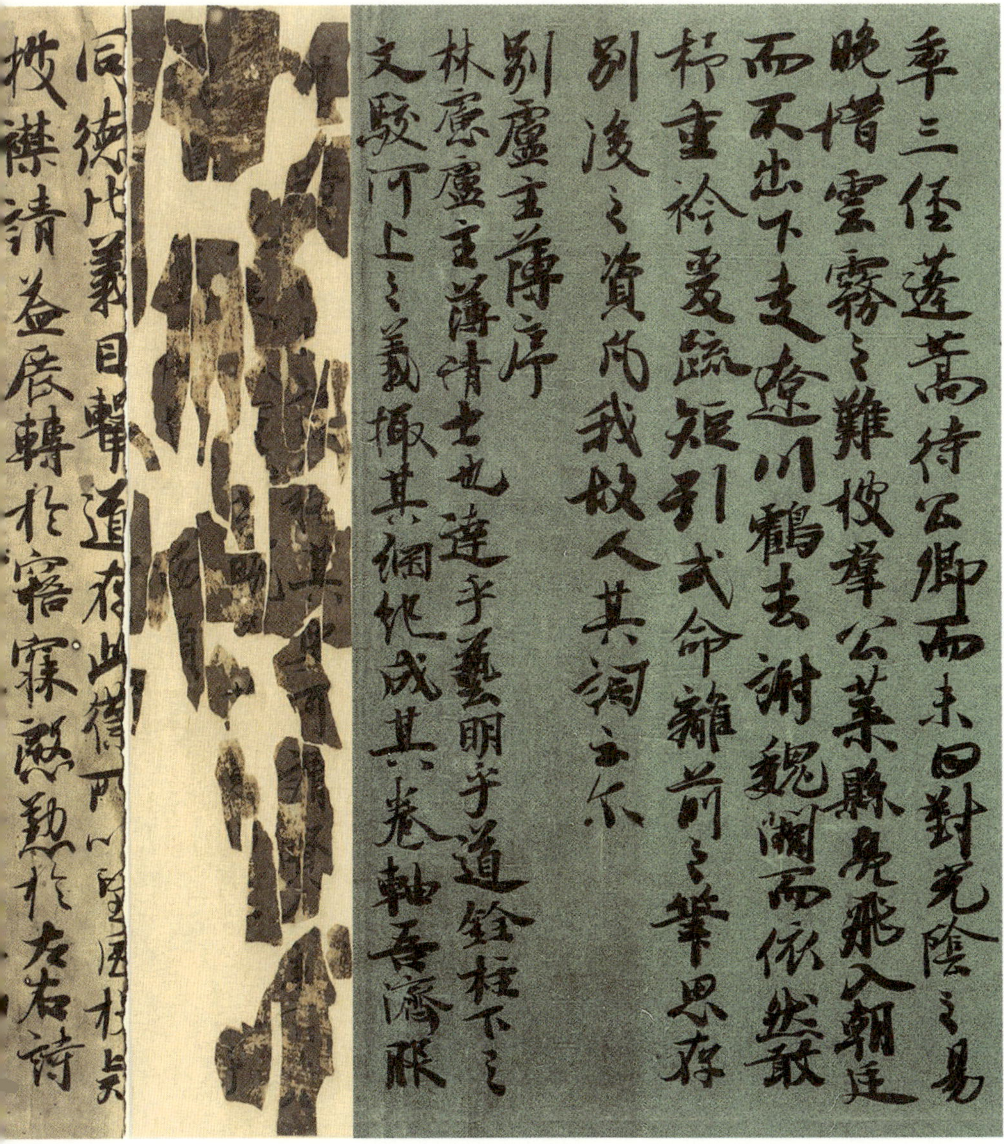

年三徑蓬蒿侍公御而來曰對光陰之易
晚惜雲霧之難披舉公葉縣鳧飛入朝廷
而不出下走遼川鶴去謝魏闕而依然敢
杼重衿爰疏短引式命離前之筆思存
別後之資凡我故人其詞云尔

別盧主簿序

林慮盧主簿清士也達乎藝明乎道銓柱下之
文驗阿上之義掇其綱紀成其卷軸吾濟胝

同德比義目擊道存此僕所以望風投吳
披襟請益展轉於寤寐慇懃於左右詩

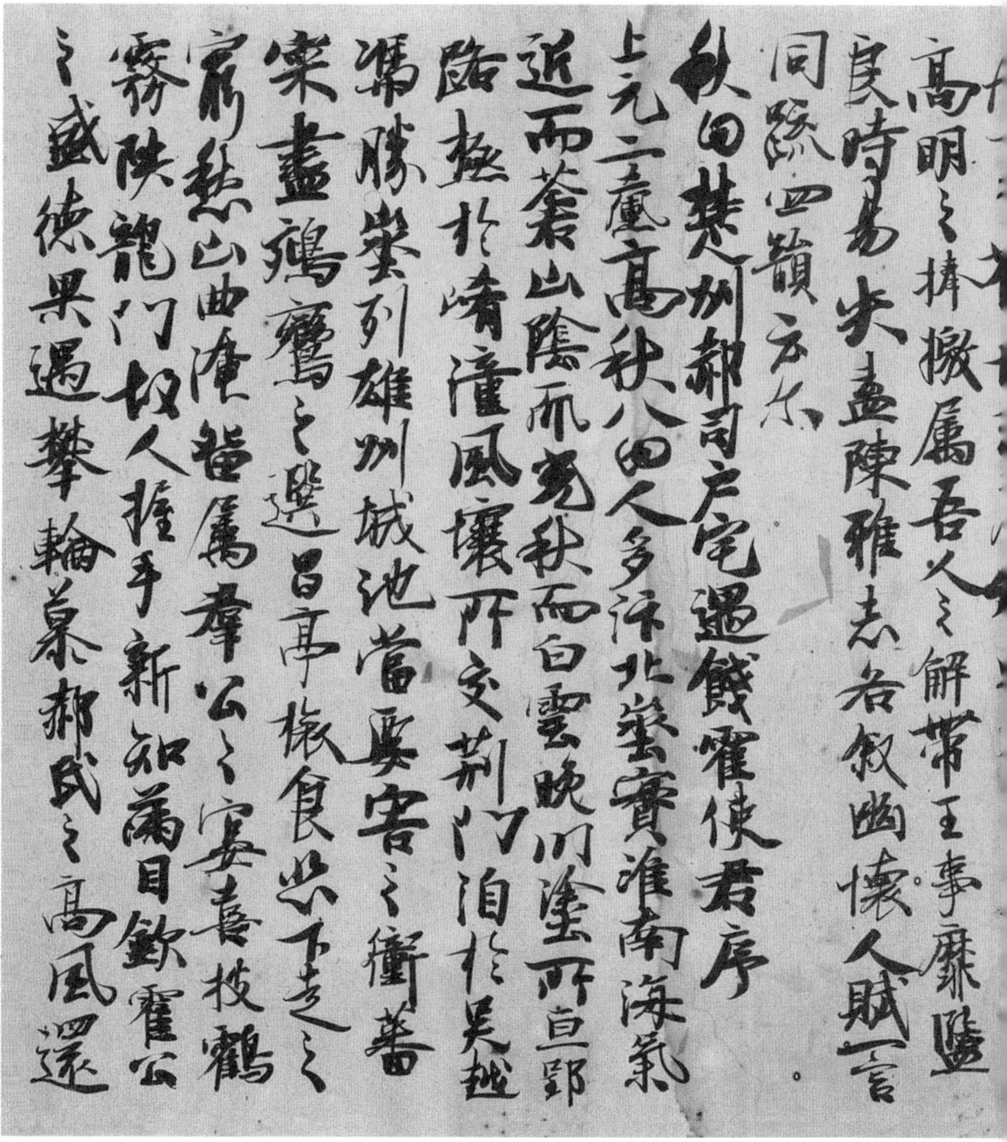

高明之捧檄屬吾人之解帶王事靡盬
良時易失盍陳雅志各敘幽懷人賦一言
同歸四韻云尔
秋日楚州郝司戶宅遇餞崔使君序
上元二載高秋八月人多汴北地實淮南海氣
近而蒼山陰天光秋而白雲晚川塗所亘鄖
路極於嶠潼風壤所交荊門洎於吳越
濡勝樂列雄州城池當要害之衝番
樂盡鷄鸞之選吕亭楸食出下走之
宗懸出曲淮畓屬羣公之宴喜披鶴
霧陟龍门坂人握手新知滿目欽霍公
之盛德果遇攀輪慕郝氏之高風還

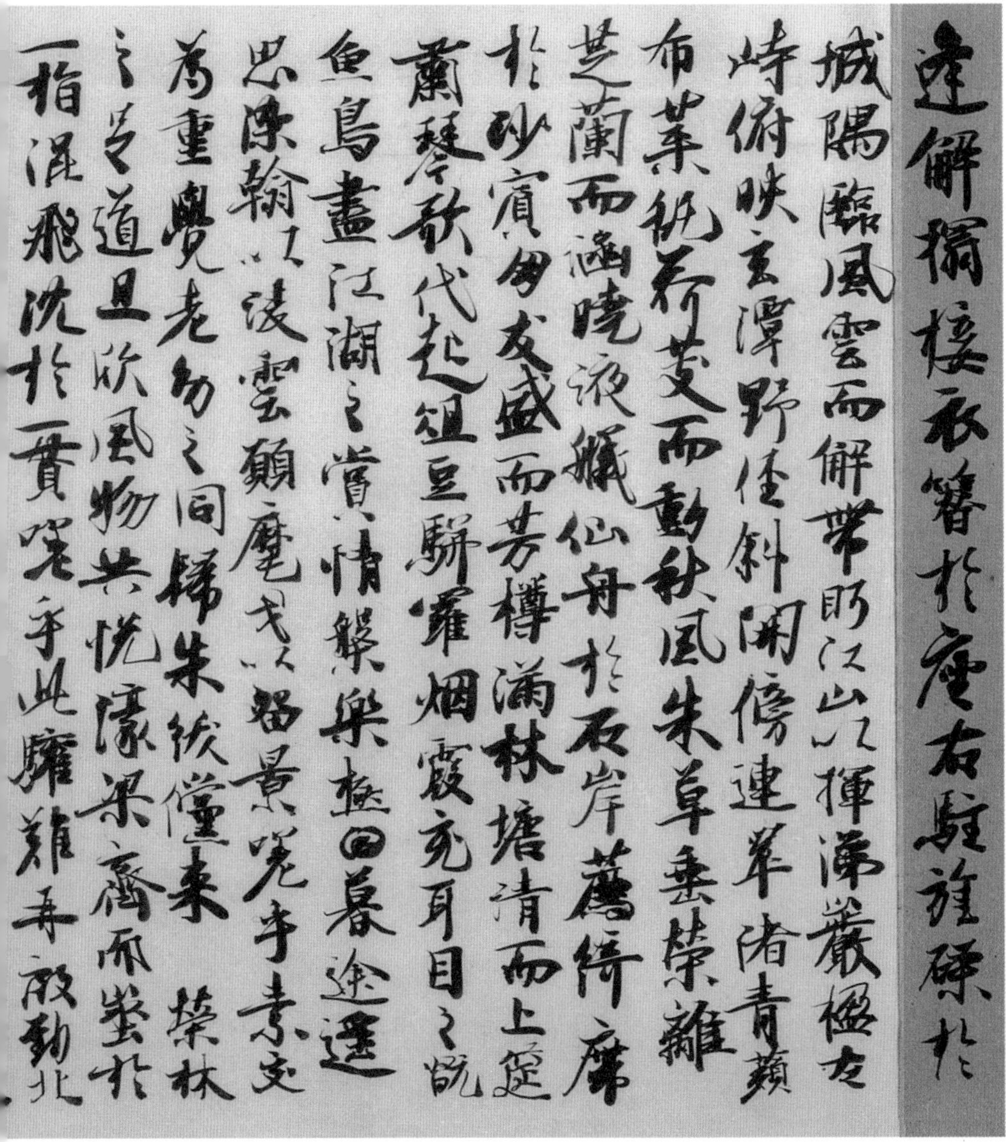
遂解攜樓衣簪於座右騁旌旆於
城隅臨風雲而解帶眄江山以揮涕叢極左
峙俯映玄潭野徑斜開傍連翠渚青蘋
布葉紈荇交而動秋風朱草垂榮雜
芝蘭而涵曉液纖仙舟於石岸舊倚靡
於沙濱每交盛而芳樽滿林塘清而上筵
蘭琴歇代起俎豆駢羅烟霞充耳目之觀
魚鳥盡江湖之賞情槃樂極回暮途遙
思染翰以淩雲願廛弋以留景嗟乎素交
為重覺老幼之同歸朱紱儻來榮林
之易道且欣風物共悅濠梁齋而鑒於
一指混飛沈於一貫嗟乎此驩難再殷勤北

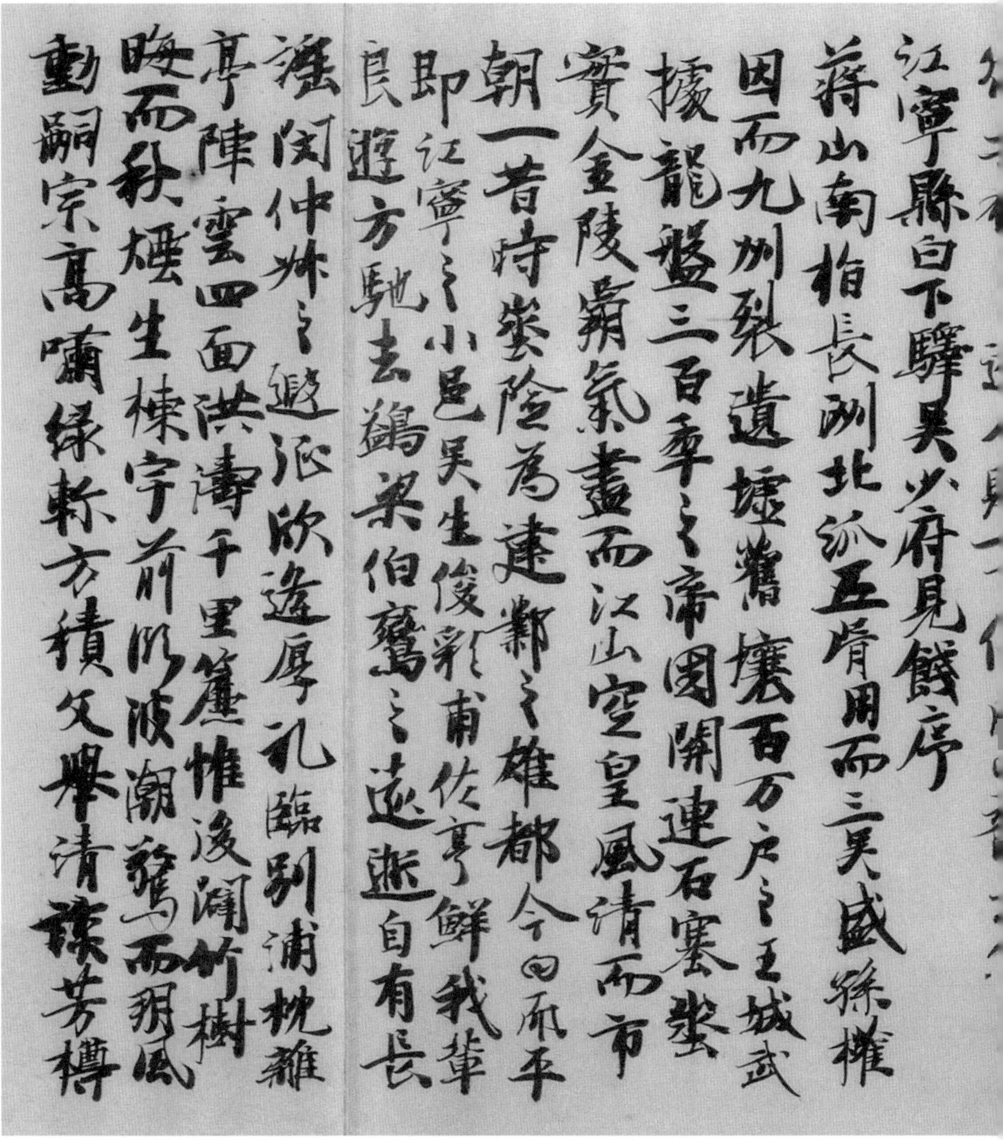

江寧縣白下驛吳少府見餞序
蔣山南指長洲北派五胥用而三吳盛孫權
因而九州裂遺墟舊壤百萬戶之王城武
據龍盤三百年之帝國闕連石塞埊
寶金陵霸氣盡而江山空皇風清而市
朝一昔時埊險為建鄴之雄都今日太平
即江寧之小邑吳生俊彩甫佐亭鮮我輩
良遊方馳去鷁梁伯鸞之遠逝自有長
謠閔仲叔之遐征欲遙厚禮臨別浦枕離
亭陣雲四面洪濤千里簾帷後闢竹樹
晦而秋煙生棟宇前臨波潮驚而朔風
動嗣宗高嘯緑樽方積文舉清談芳樽

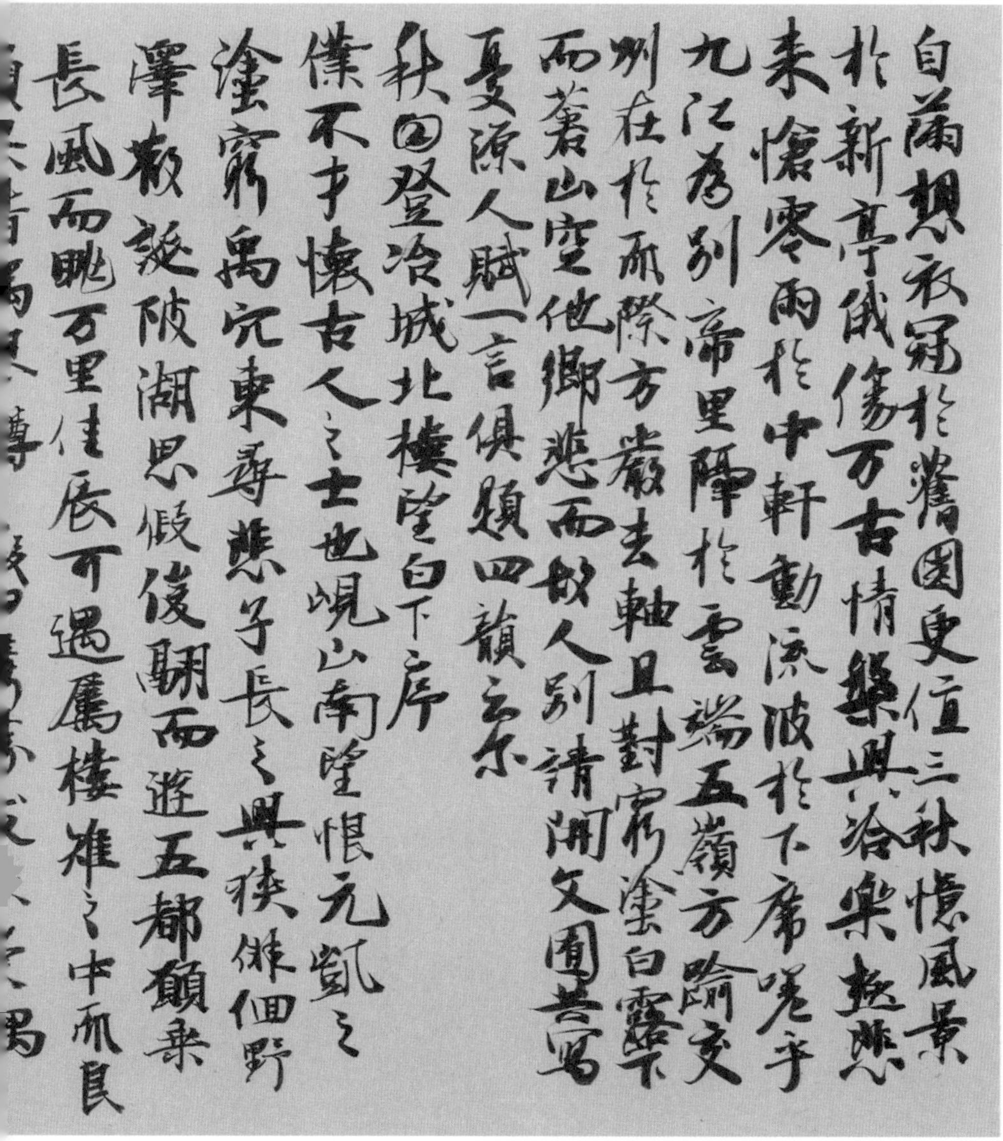
自蘭想衣冠於舊國更值三秋憶風景
於新亭俄傷万古情槃興洽樂極悲
來懷零雨於中軒動流波於下席嗟乎
九江為別帝里隔於雲端五嶺方踰交
州在於天際方嚴去軸且對窮塗白露下
而蒼山空他鄉悲而故人別請開文囿共寫
憂源人賦一言俱題四韻云尒
秋日登冶城北樓望白下序
僕不才懷古人之士也覩山南望恨元凱之
塗窮禹穴東尋悲子長之興狹俳佪野
澤散誕陂湖思假俊翮而遊五都顧乘
長風而眺万里佳辰可遇屬樓雉之中原良

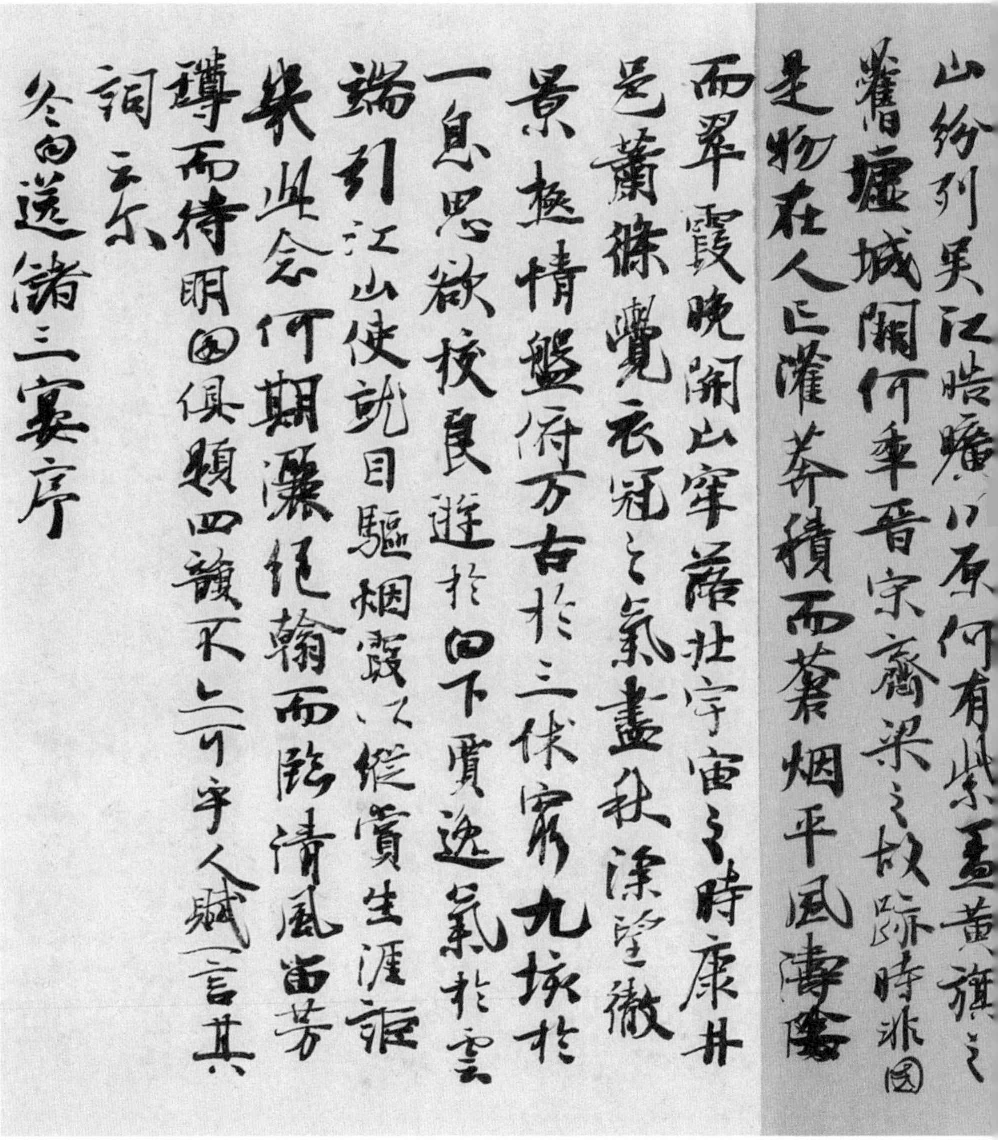
山紛列吳江皓曠、原何有紫蓋黃旗之
舊墟城闕何年晉宋齊梁之故跡時非國
是物在人亡灌莽積而蒼烟平風濤險
而翠霞晚闕山牢落壯宇宙之時康井
邑蕭條覺衣冠之氣盡秋深望徹
景極情盤俯万古於三休窮九垓於
一息思欲校良遊於回下貫逸氣於雲
端引江山使就目驅烟霞以縱賞生涯
巢與會何期灑絕翰而臨清風留芳
罇而待明月俱題四韻下上字人賦一言其
詞云爾
冬日送儲三宴序

儲學士東南之美江漢之靈凌翰圃而
橫飛入詞場而獨步風期暗合即為生死
之交道德懸符唯恨相知之晚下官太
玄尚白其心如丹將忠信待賓朋用烟霞
以付朝夕自非琴書好事文筆深知口
若雌黃人同水鏡亡未與談今古盡肖
懷對山川之風日蕩羇旅之愁思此居
邂逅相適我願耳樽酒不空吾無憂矣
方欣握手遽慘分岐覺歲寒之相催
悲聚散之無定是時也池亭積雪草樹
凝寒見鳴鴈之南飛懷美人之北走客中

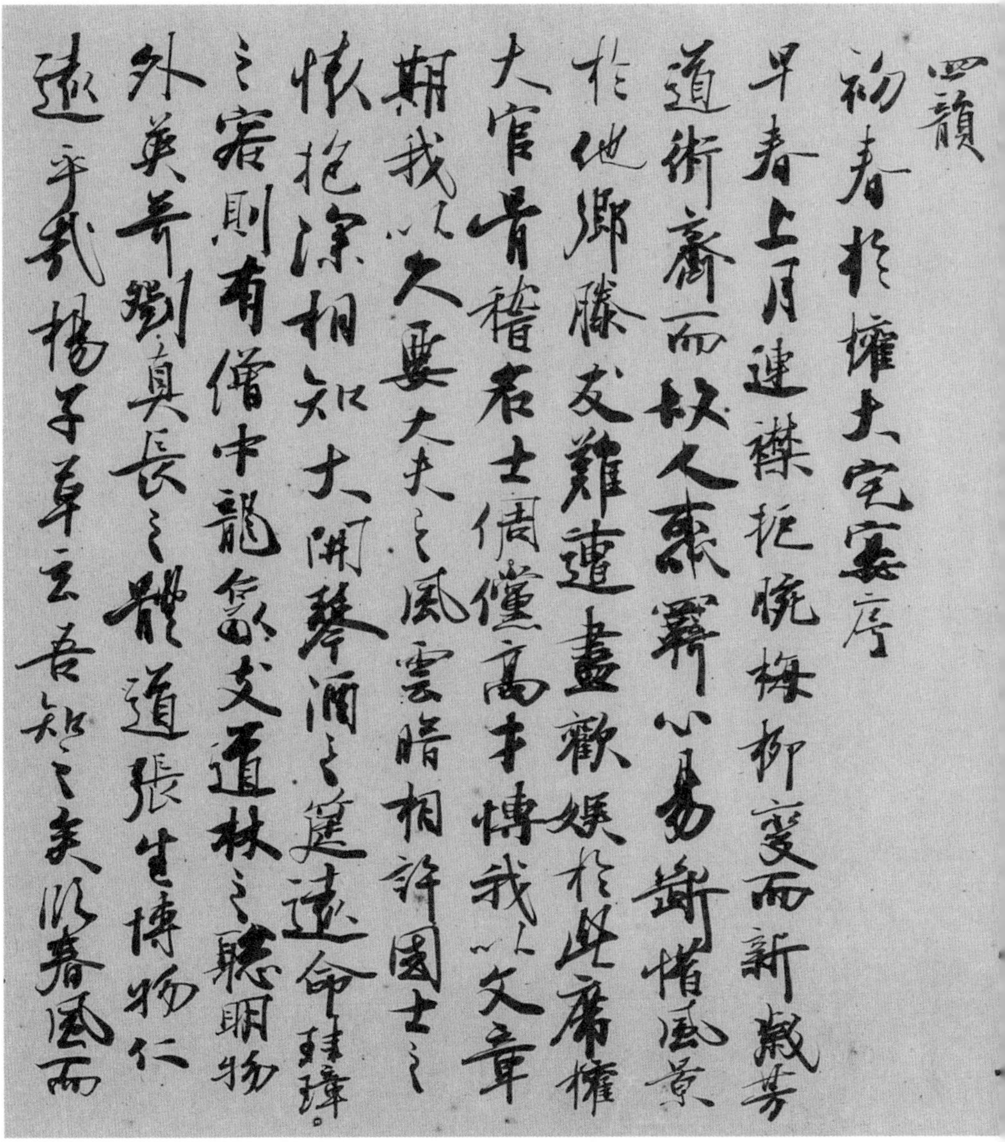

四韻
初春於檀大宅宴序
早春上月連襟挹暁梅柳変而新蔵芳
道術斎而故人來霧心易斯指風景
於他郷藤友難逢盡歡娯於此席權
大官骨稽君士倜儻高才博我以文章
期我以大要大夫之風雲暗相許國士之
懐抱涼相知大開琴酒之筵遠命肆璋。
之客則有僧中龍象文道林之聰明物
外英華劉真長之體道張生博物仁
遠乎哉楊子草玄吾知之矣從春風而

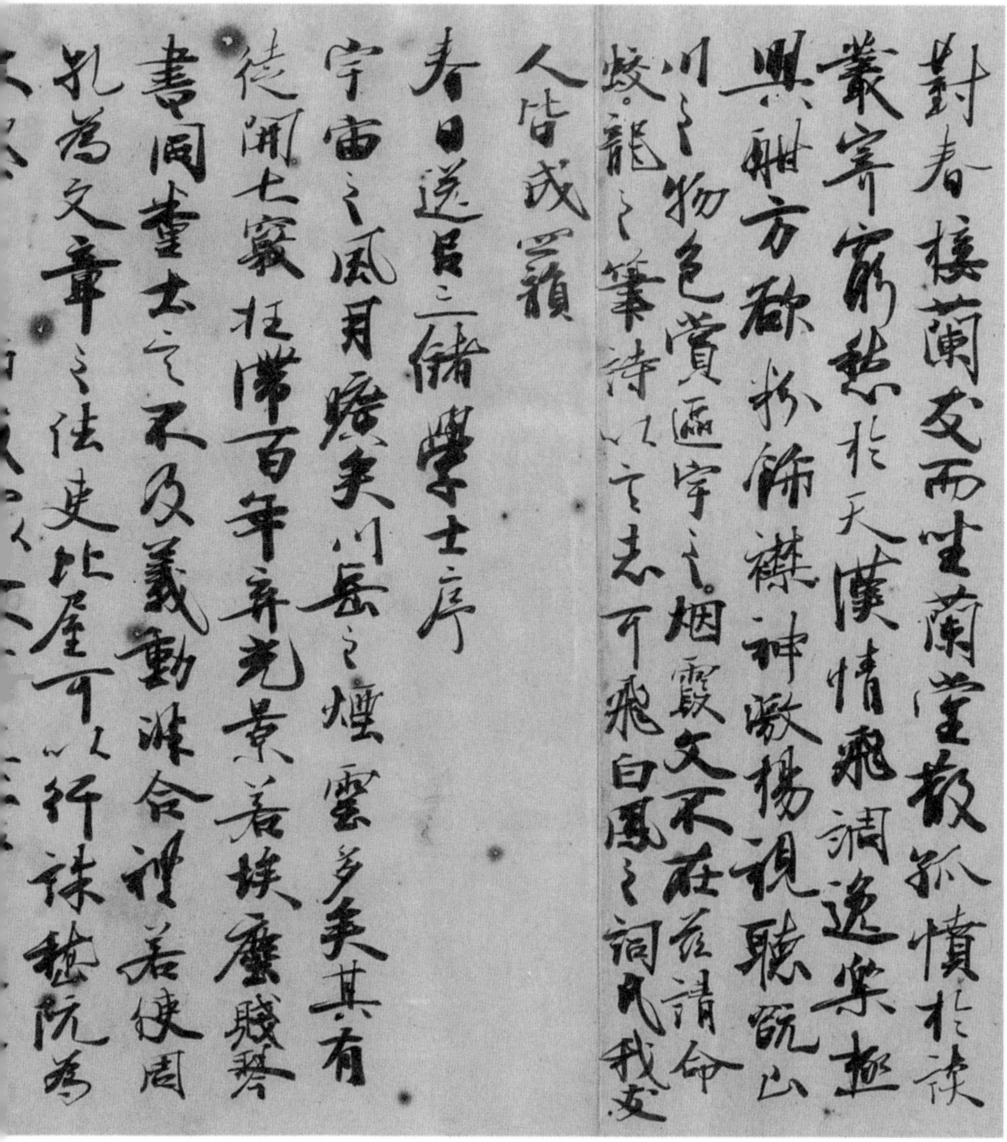
封春攜蘭友而坐蘭堂散孤憤於談
叢寄窮愁於天漢情飛調逸樂極
興酣方欲抒拂衿神激揚視聽既山
川之物色賞遍宇宙之烟霞文不在茲請命
發龍之筆詩以言志可飛白鳳之詞凡我友
人皆式四韻

春日送呂三儲學士序
宇宙之風月曠矣川岳之煙雲多矣其有
徒開七竅枉帶百年棄光景若蜉蝣賤琴
書同糞土言不及義動淫合禮若使周
孔為文章之法吏比屋可以行誅嵇阮為

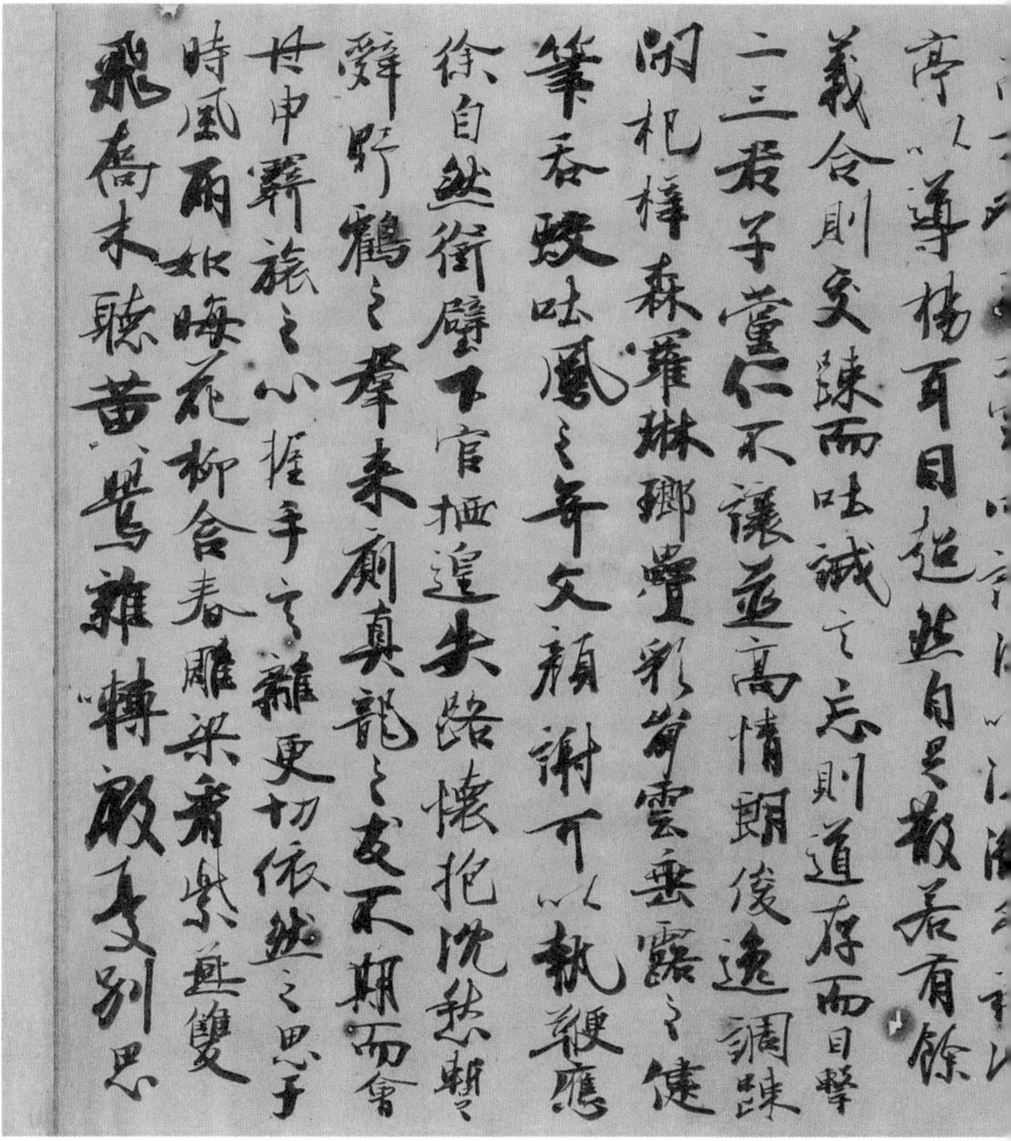
亭〻遵楊耳目超然自是歡若有餘
義合則交疎而吐誠言忘則道存而目擊
二三君子當仁不讓並高情朗俊逸調疎
閑杞梓森羅琳瑯疊彩簪雲悪露之健
筆吞蛟吐鳳之奇文顏謝可以執鞭應
徐自然衛璧下官栖遑失路懷抱沈愁嚶
聲野鶴之羣來廁真龍之友不期而會
共申霧簇之心攜手之離更切依然之思于
時風雨如晦花柳含春雕梁看紫燕雙
飛喬木聽黃鸎雜轉㪅叉別思

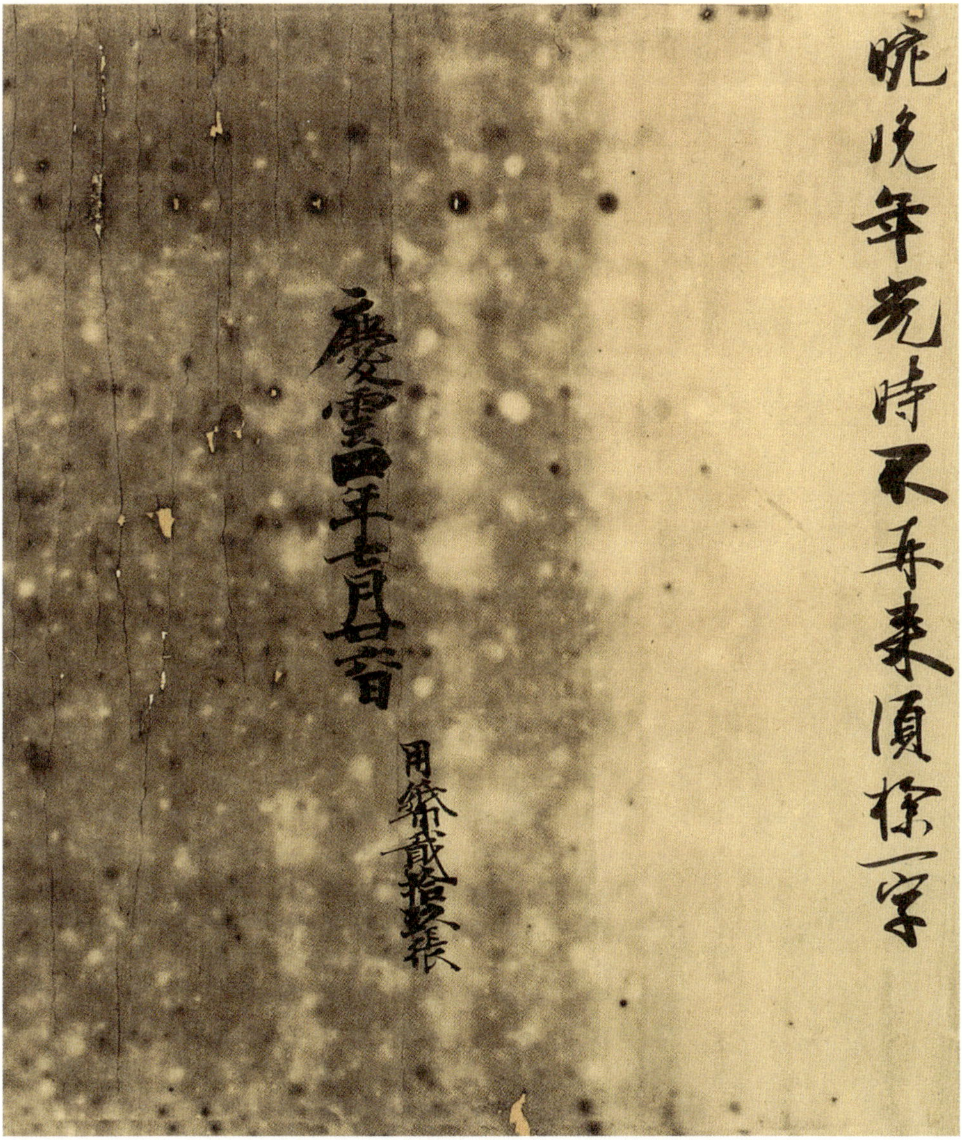
晩晩年光時不再来須惜一字

慶雲四年七月廿六日

用紙貳拾玖張

貳　王勃集卷廿八

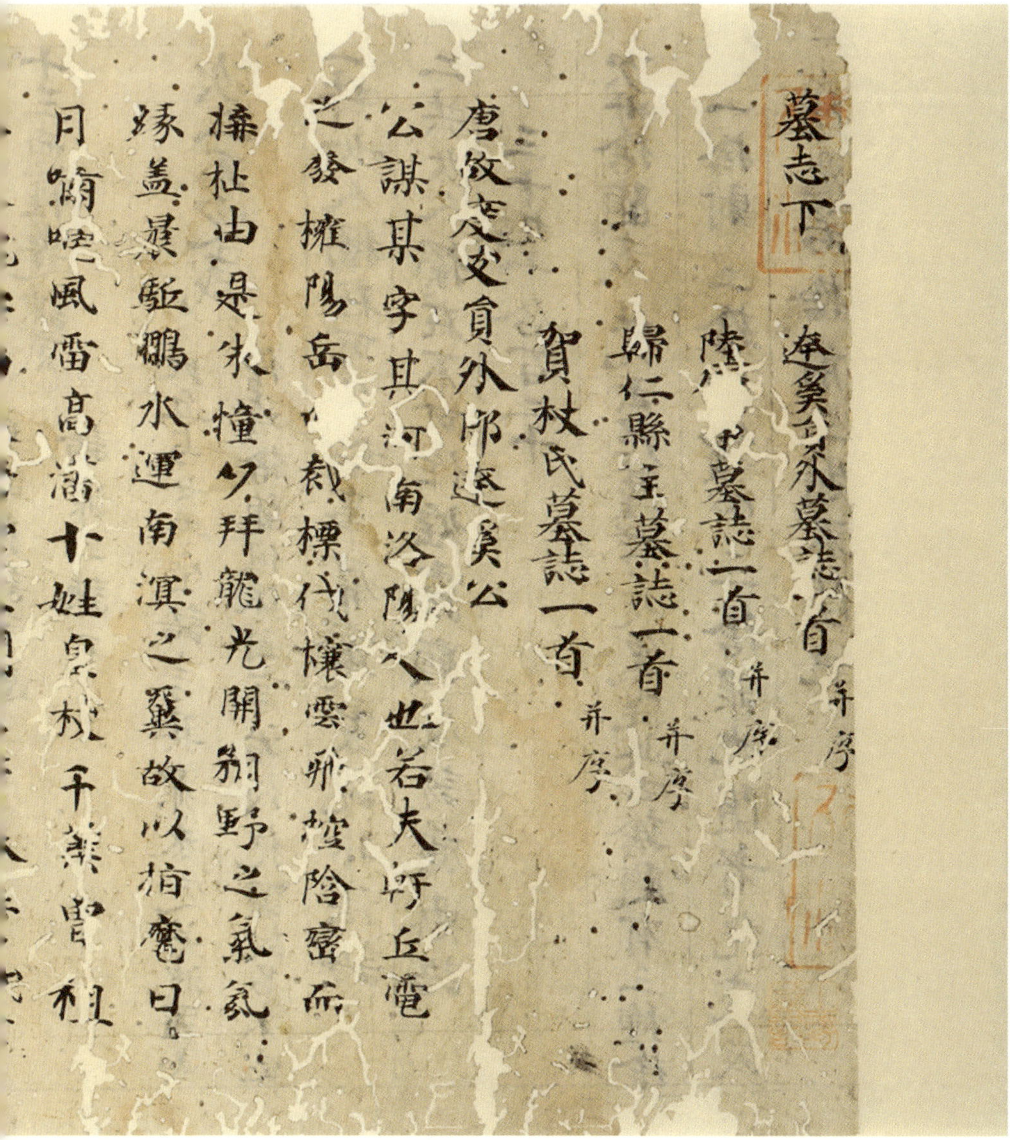

墓志下
達奚員外墓誌一首 并序
陸□□墓誌一首 并序
歸仁縣主墓誌一首 并序
賀拔氏墓誌一首 并序
唐故度支員外郎達奚公
公諱某字某河南洛陽人也若夫野丘竈
之發攡陽岳□裁標代懷雲飛控陰竇而
搖址由是求憧夕拜龍光開翔野之氣氛
緣蓋晨駆鵬水運南溟之翼故以指麾日
月觸噓風雷高潛十姓阜材千業曾祖

大將軍高陽郡公周大宗伯六保太傅鄭
國公戟門舊迹銀龜茂文將之家斯路初
平王侯受三台之策父金州惣管上柱國
襲封鄭國公虹旗蓋俗靈玄清而繩風鵷
川承桃關丹雉而組化惟公育金阜載
纓赤野騰靈生葱一東寒松千丈河宮
紫關尋義盤而猶迷閬苑朱陵仰情竅
而不逮隨大業中以良家子調補右千
牛脈閣旦靜言瓊斂於鸞桿青禁昏嚴
校銀符於鵷府雖帝府鈎陳之序寔巢蕊
而仙臺列宿之班是掐人選遷除度支員
外郎卒扇陵敞禮暑重淋五曹光庚績

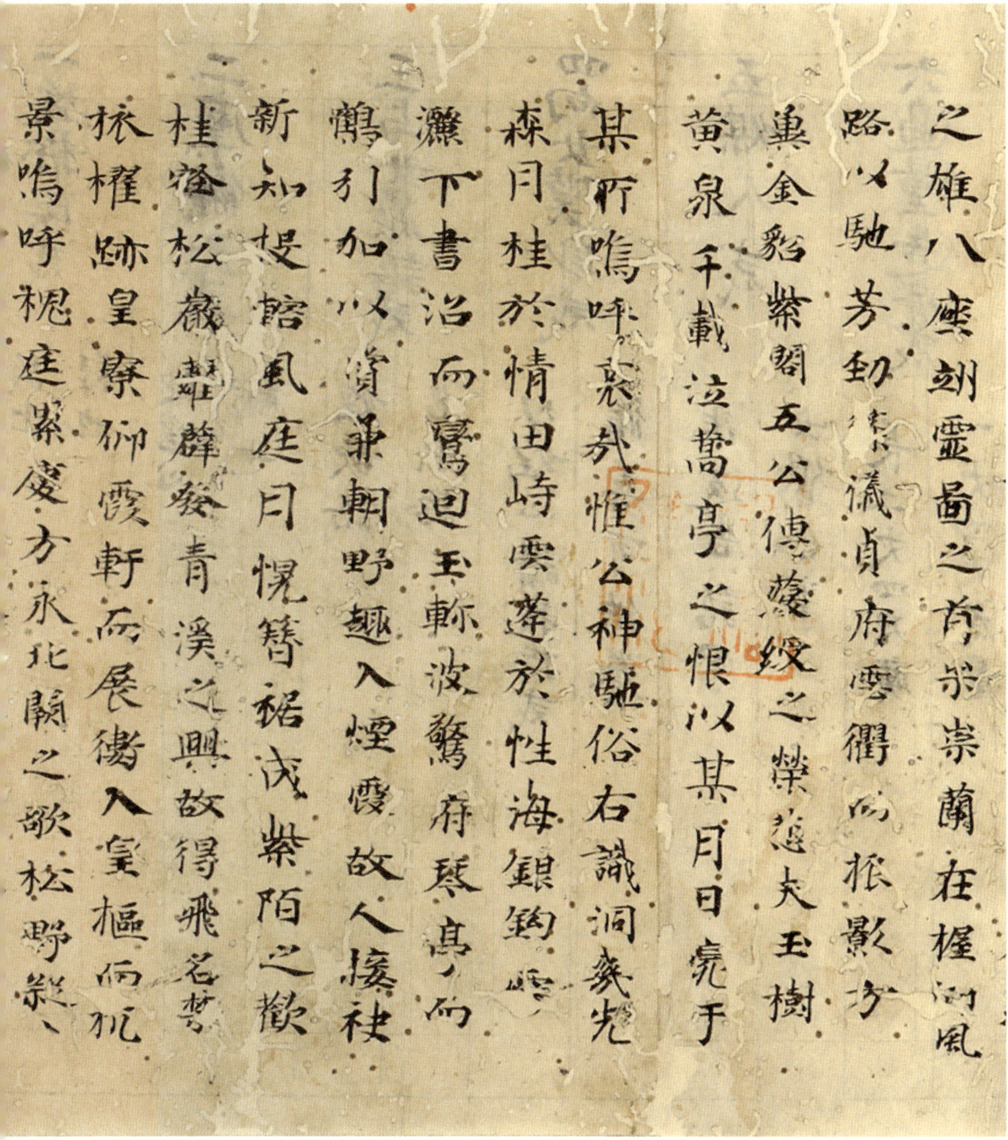
之雄八座剡靈畾之府崇蘭在幄洞風
路以馳芳勁節儀貞府雲衢而振影
巢金貂紫綬五公傳蔭紱之榮趙夫玉樹
黃泉千載泣蒿亭之恨以其月日薨于
某所嗚呼哀哉惟公神馳俗右識洞幾先
森月桂於情田峙雲峯於性海銀鈎雲
灑下書沿而鶯迴玉軫波驚府琴鳥而
鶴引加以貲兼輞野趣入煙霞故人攘袂
新知提館風庭日幌簪裾戍紫陌之歡
桂徑松巖雞辟發青溪之興故得飛名帝
旅權跡皇察仰霞軒而展衛入宸樞而抗
景嗚呼槐庭紫慶方永北闕之歌松野縱、

雅韻於榭徑奉笙規於符衆仙琴奏早以大
和鳳之音寶劒變沉晚合乘龍之契以大唐
某年月合葬于某所禮也嗚呼哀哉育
子晉州安居令李貞衣纏逝晷痛結終
身侵露亭而屠肝枯霜晏而斷骨雖黄
壚掩照空鏧泉岫之悲而乘珠題蕚良
抒鄧攢之慟其詞曰
捧簷軒臺流兮輪清巒龍北抗雲鴉南
攀玉劒連芝金船遺光師席榮兮禁掖
珠江月滿瓊岫虹鶩福馳來亂也是秀

歸仁縣主墓誌 并序

若夫乾經燭象清寶務於丹霄地紀流積

婉至於璿岫雖英彩淑譽靜徽於顯晦之津

而女則嬪風道叡於人神之域其有椒臺襲

榛分帝子於鸞扃桂水重瀾降天孫於鶴

渚青幹寫貽皇英怡別館之儀弘繁綸慈

班蔡椒擬承家之間仰嶺淵而翩私府媲佳

以穆芬齊

出撰之寵命酌玄丘之令典具展存焉觀之於

李夫人諱其字某隴西成紀人也皇唐高祖之

孫前密大王之女爾其麟郊鷃岫帝橫扃而

荆英玉藪珠林擁仙墟而振類黃星含創鳴

羅杺　璩居於北列者矣夫以綠巖垂燿
朱渾浮祥濟河洛之英紀降峨嵋秀之氣韶
規月滿斷桂影於神軒雅韻齊壽松標於智
宇雲桂秀委慶初分鴈渚之雝天秩垂恩詳
荷鸞達之訓儀玄笄於碧殿禮極宸遊詠衣
夢於彤楹情勤夕膳針樓睇晚逸枝霞鶩翰
飛臨春雕章霧縟紅綖畢纈淛鳳鏘於紫機
杏葉芝英轉鶯鈞於紫禁執順開耶之迹用
晦而明垂和履孝之規恩以遠屬星辰廞
俗武皇輕慇之賓代郊禋天文考受寶焚
之顧桓維城而結歡眷鑒石而追懷雖三王

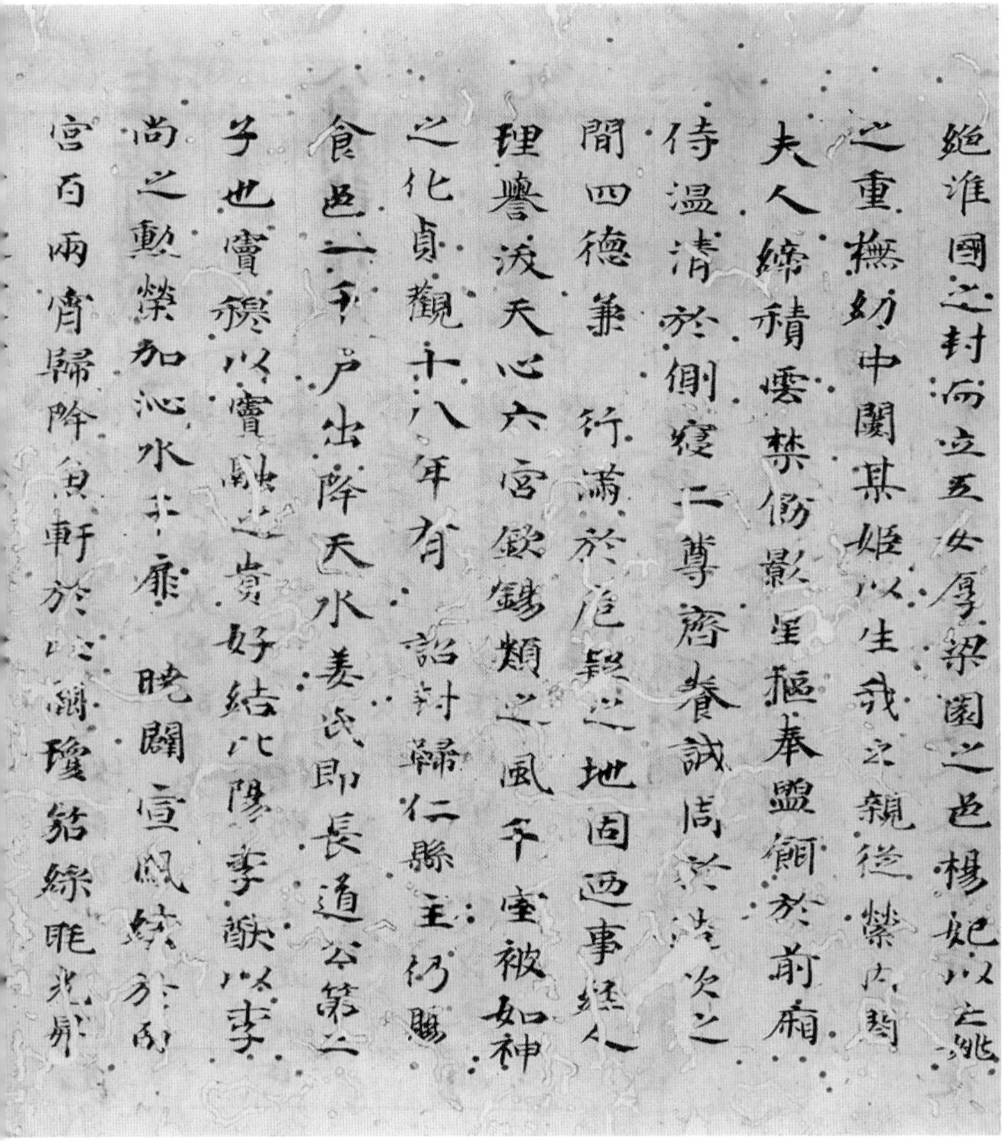

繼淮國之封而立五女厚梁國之邑楊妃以之姚
之重撫幼中闈其婚以生我之親從禁內樹
夫人締積雲禁傍影星樞奉盥饋於前扉
侍溫凊於側寢二尊齊養誠尚漱浣之
問四德兼行滿於危疑之地固匹事絕人
理譽洽天心六宮欽錫類之風千室被如神
之化貞觀十八年有詔封歸仁縣主仍賜
食邑一千戶出降天水姜氏郎長道公第二
子也實猶以實融之貴好結化陽李獻以李
尚之勳榮加沁水未康晚闕宣風綜於國
宮百兩齊歸降魚軒於紫闥瓊簪綠耽光扉

姬歆惠爭陶荇菜之篇列媞遷規覽纓
椒花之思凜邑鐘於性國灌鄭終楫栖
鶺鏡於靈臺鉛華自屏閨風水浹南陔
銷叉曰之虞闈則傍流此里盡蔥眉之婦
貞觀廿一祀丁其憂爰奉中詔稱哀內府
仰風林而摽歎陟霜岵而摧心絶漿過乎
七日位近周乎四序充窮之感指蒼極而
神飛鴆棗之哀攀
紫宸而思越雖　聖懷喩旨
帝簡相尋而積痛沉酸哀情始偕婁府君
以地華分斷方變照於中令夫人以道契

鳴琴屢飛風於上邑，游魚夕唱還府饋鯉之
祥。乳翟朝馴，即赴悠雛之曲；陳太丘之令嗣
葉謝好仇，潘河陽之賢姻，榮非帝縮分茲衡。
藹彼戚連，徽具德無芳，我有餘力，每至花
濃春任，飛桂騁而隣芳，榮下秋潭，臟蓮兵
而寫興，閑居問禮，長逝輕戴里之娛，相宅依
依仁，大被程慈達之曲，故能使朝英累轍攀
玉樹而昇堂，野彥攜書，把賢貽而獻緬芝蘭
可泳，欝為宗之門，簪蓋相趨，望闕高陽之里。
悲夫，七侯英族，方積慶於承家，九仞芸軒
遽鍾悲於瞰室，以總章九年八月廿六日遘疾薨
于乾封縣永達里，春秋卌有四。嗚呼哀

經孝為心極貞姿玉映莽虹㳂而無加朗鑒
珠融舟驪珎而不御清而化物綺耀揚緼緒
同歸高以順時丹刹占氣英逸叙幽蘭在
奏猗文律之繁音穠李含蹊寧詞條之粹
葬懼盈識於鴆毒慮不憑禁懷腠葉於殿
夏神無忤色香輪寶駟影心暹鉢大之簡玉捋
瑶筐授訓盧惟之下警嬪儀於內閫室荷
騈魚雪母範於賓揖門栖吐鳳雲房且靜
未終仙閣之姻月悞霄空奄隱窮延之酷
有詔贈物三百段米粟二百石凶事所須隨
由官給仍遣司門大夫郎符歸監護葬事
珠儒玉理叙賁佳城金鏤銀膊禮踰恒命

嗚呼其生也榮寵服光於茂册其死也哀
賜贈照於彝典以其年十一月廿日窆于少陵
之原禮也旌軒啓路葆騎横林野曠而無
塵風煙慘而殊色[illegible]
窂樹栖雲坐閲青龍之兆臣子洛州參軍
敬玉堂蹤既金社分輝攀北渚而魂銷下南
陔而盡悖嫌育米棲遲難追婦俎玄觴敬深
於如在姜府名悼存之之不平怜令菅之
儀狀岩朗月以長懷湊秋風而累難以爲
安仁詠德道不著於玄窗奉清襟神理亦暗
於犖雖當荅帝閣中朝懸記善[illegible]而攜美
[illegible]

四海雖域萬齊寵始兮往慶遊忽一朝吝
争彩桂枝垂榮兮靈月艷藂芳霊英能麥鑾
婉朗思珠明於環之訶於鶴極其緣臺宵
静形簡晩絳鶴閑簫蛟龍轉珮綢繆繡轂青
綸紫績書以降嬪移歸于母氏韓雖玉闈穆適
瑤闈礼高齊女字鈇姜妻針繞銃綢書悅晨
位詩傳符緒頌梯芝蹊其陳植之家孟施之
霧延賓館風趍藝圃藻如此鶩文扃鳳吐甫旂
同席遙悽悽陵岵其湮留影梅月切光殘琴兮
鷴若飼別能寒松聲於隴隧流遺質於

泉壚想清規而可俟簡舉談而知難共

唐故河東處士衛某夫人賀拔氏墓誌 并序

夫人諱某字某某郡縣人世自襄裳北從遷

代野之宏基旌旆南飛纂軒臺之緒鍾蔚

興風霜相映忠孝与公侯疊起祖某使持節

涇州諸軍事涇州刺史山川降秘霄漢齊列登之

榮珪璧成姿來受連城之寶父某隋岐州扶風

縣令子游絃歌之術竟屈牛刀王元鄉相之才

終維驥足夫人操葉貞明容範詳和敬賓禮

興孝為心揺先人有訓將韓班漆之家君子好

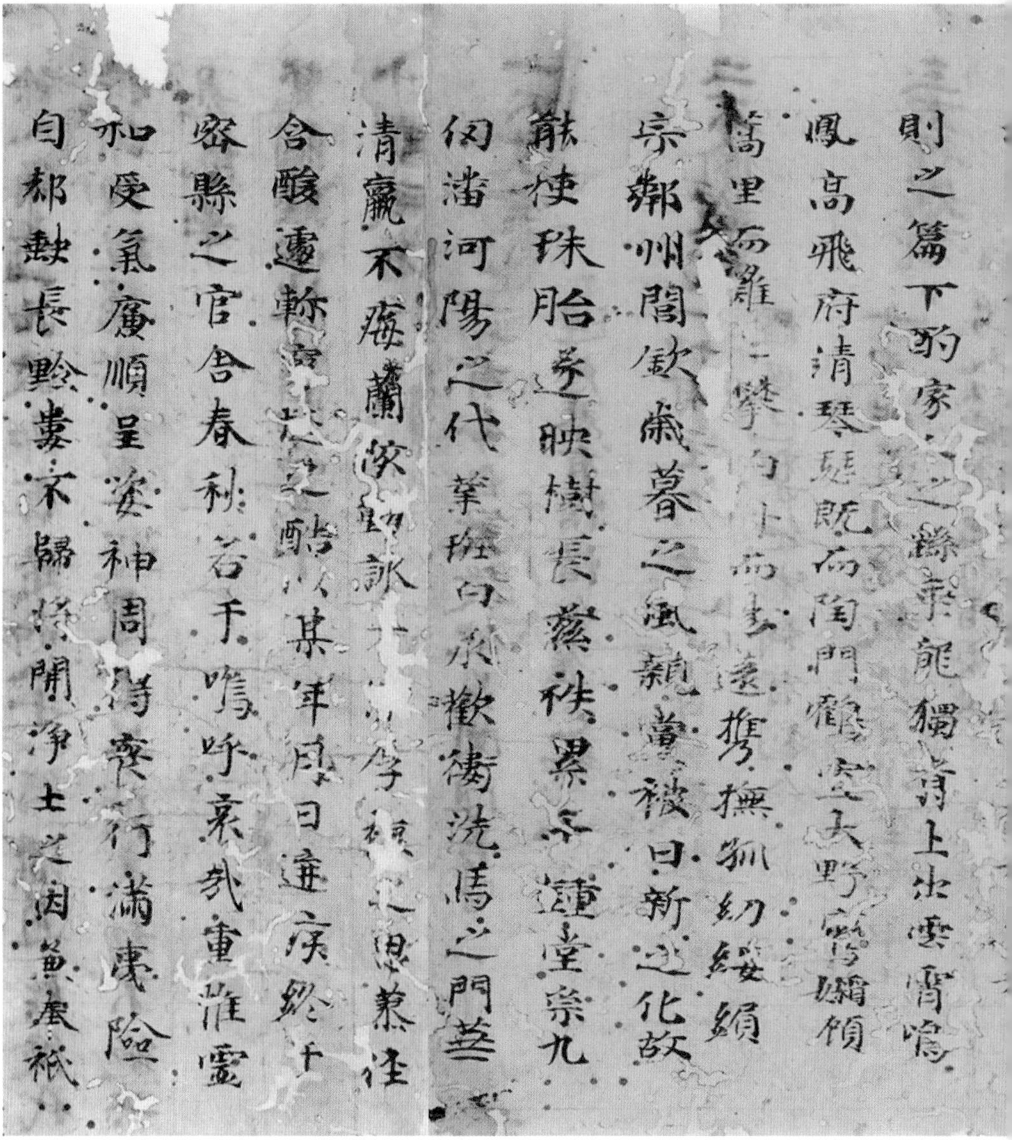
則之篇下邳家之縣未能獨尚上水雲霄簷
鳳高飛府清琴瑟既而陶門鶴空天野鸞孀傾
萬里而離之攀號上而去遠携撫孤幼綏緝
宗鄰州閭欽承暮之風韻薫被日新之化故
能使珠胎並映樹長蘭秩累遷堂崇九
仞潘河陽之代筆班白承歡衛洗馬之門㒸
清羸不痊蘭家勒詠大學恩慈往
合酸遷軫寒暑之酷以其年月日遘疾終于
密縣之官舍春秋若干嗚呼哀哉重雖靈
和受氣廣順呈姿神周得喪行滿夷險
自郝猷長黔婁不歸將開淨土之因兼處祇

園之律情超俗域但以禪津以爲合寮非台
事乖衣簪之策加遁在思𤔡封坊之降平
居之時受跡別墉遷化之際顯氣舒育之
命以三衣從也有子曰玄宗在梓州郪縣
令聿遵先託無累後人蹉猶憾而長懷仰
穹蒼而絶訴以爲逝川難反懷橋之思徒
勤幽攏方深負米之期不再將欲遂萬平
歳纏經紛身殘溢出於三年苫塊鐵于十
載爵類之感有識稱焉以年月日葬于安
豁池之北原嗚呼其生也勞或終於祿養
其亡也哀貽謀功於先覺豈使陵谷有寧
空傳峴嶺之碑天地相終不勒泉亭之碣敢

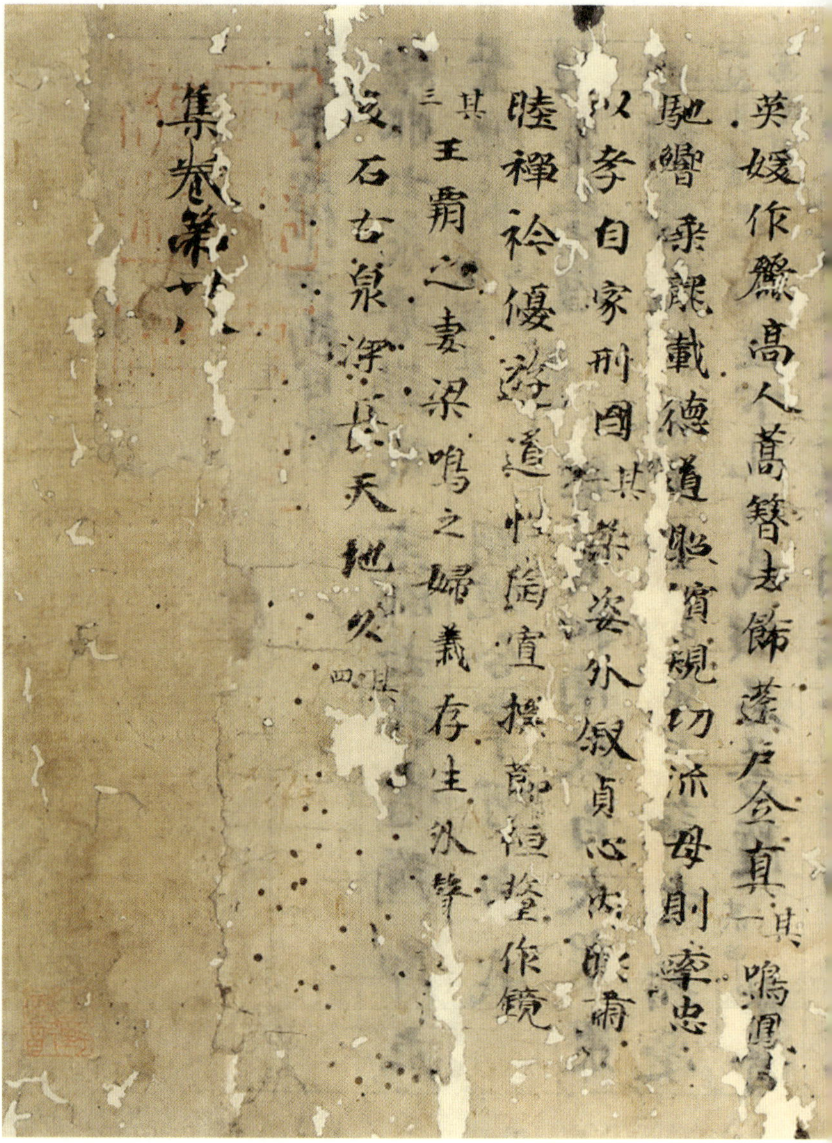
英媛作儷高人舊簪去飾蓬戶含真其一嗚鳳
馳響桑䖍載德道贍實規切流母則率忠
以孝自家刑國其二榮姿外叙貞心內湛禱
睦禪衿優游遵性陷宜操節恒瑩作鏡
其三王霸之妻梁鳴之婦義存生永勞
成石玄泉深長天地久其四
集卷第廿八

叁　王勃集卷廿九

集卷第廿九

行狀

祭文

張公行狀一首

祭石提山神文一首

祭石堤女郎神文一首

祭白鹿山神文一首

為虔霍王諸官祭故長史一首

為霍王祭徐王文一首

祭高祖文一首

行狀

張公行狀一首

某郡某縣某鄉某里張公年八十

若夫孝神基於峻岳揆曾霞於靈宮奇峰非

況乎指天孤而錫氏憑巽地被而居尊文物
光乎萬弃聲明乎千古功臣北面樓殲趙
而開封武后北巨擁金涼而菱鏘龍川鳳
穴家承岳瀆之精脈冤乘軒地積王侯之
氣閑連玉塞郡枕金城餘慶不忘伊〻〻
是秀用能挺殊姿於豨戲稚令德於英
門有廉慎之遺風得寬明之絶境清惟
鎮俗森〻烟雨之標高則待時凜〻水霜
之曰無五常而動用奉一德以周旋兮
學苑之高映雯談津之要害忠朝擠物
孝在楊親藏器而居相辰而菱屬江湯
有事天下無邦常隨白失

皇家未造中原錯定豺狼多竟逐之
因滄海橫流鯨鯢駭不存之地公深謀
内斷莫略外馳先明鄭谷之雲早茽春
陵之色東師甫振懷四七而長驅西府
初開以三千而得儁大業十三年蒙授正
議大夫元帥府典籤從破京師城加轉右
光禄大夫從班例也于時高祖以和者
出震方以宇宙之動太宗以公子稱藩
停息雲雷之變䰟想左右物色林泉俊
人因伏賓寮有序功存以令時乘浩蒼
之機使在其間任切喉脣之職義寧元
年授公燉煌公府典籤二年又遷秦公府

而慶門庭談笑而為賓客知人則帝賓思
專對之臣無以易兗頗授當仁之寄武德
三年奉使隰州道行軍司馬大總管劉
師善白歸西漢上將軍與隰州總管燕詢
等謀為叛逆公見危授命視險若夷蠖屈
求申雞鳴不已制變旌旗之下而逆黨離
心橫師衽席之上而元凶析首有詔優錄
寵越恒倫雖張良運千里之籌功非轉穡
張飛有萬人之敵事罕臨機兼之者公
也旧武德伊始皇運多虞鳴鏑勞楚漢
之兵閻左弊陳吳之事葎欒以奉河尚
擾尋閼伯之干戈王充以渥洛霂清弄蚩

尢之甲冑公寒暑不變羈紲必從攀鳳翼
於箫王識龍顔於代邸雖孟津坑下恒陪
不戰之師而官度滎陽每授先登之賞
貞觀二年加勳至上柱國改授右監門府
長史千廬交警陪禁鑰於丹闈八校乾
嚴蹕崇班於紫衛既而景緯初朗天步
克寧懷衆以文戢兵為武曇綬一同之
業道寄惟賢黄圖三輔之郊帝優其選
六年出校岐州麟遊縣令山分巘底地
接岐陽承供帳於離宮屈絃歌於下邑奏
甘泉之故事淸右輔之遺甿泱浪而美化
大行來門而芬聲遠致事因時顯顯懷

尚乘奉御三臺別府六尚名書裂營禁
之樅掌導輿之服御鉤陳晚憩參鳳扆
而司局法駕晨行候鷥軒而捧壚
思加近侍譽洽　貞勤俄起上寺之榮允
副九卿之秩十五年詔可中散大夫守太
僕少卿兼檢切周關司分漢牧　皇輿重
寄列署高班任切周關司分漢牧仙駹載
廣青蝬紫鷴之名　聖皇惟冥玆白乘黃
之彩奉時龍於　帝典進天馬於郊歌
曲水不卷交彲斯在廿一年詔遷可中大
夫守將作少匠屬穀

祭文

祭石堤山神文

維年月朔日緜州長史王㚖謹以敬祭石堤
山神之靈曰　我皇作極悉幽洞冥爰逮
尔廟安尔靈水旱是恤陰陽是經出納
風雨職司雷運㱀以不德忝毗蕃守啟乃
其空神降之各石鷁潛習翼泥龍鶩首澤
不時行年斯何有敢愆祀典奉垂多稿
無曠幽位用尸寘禄發電南宫徵雲北陸丹
款是昭蒼生是育我有信誓豊穰是求
我有典祀牲牢已周除人之瘼時乃之休
無爽靈應作神之著尚饗

祭石堤女郎神文

歲功帝屬炎火神當祝融允陽越序黎
人失農時澤不降禀實其空陝西舊國
関東奧壤惟神作鎮是邦後仰絶磴傍臨
高岑直上妙啚不測靈應如響天地大
有幽有明名不妄秩礼不虛行敢陳薄
薦於昭厥誠四瀆電舉八極雲生顒惟
明道聡明正直因物感降与時消息顧
循儒菲終懋明德庶導靈祐無忝厥職
尚饗

祭白鹿山神文

維年月日九隴縣令柳明獻謹以其之貿
敘祭白鹿山神之靈惟

神極天標鎮裂地裁基邑玉壘而為雄綰
銅陵而作固丹崖峻阜貫川澤之幽源
洞神墟洩乾坤之寶氣靈機密應變霤
靈於迴旋妙鍵潛融運雷運於栢碩明獻
才不遠古德不洞微牽帝奉於朱絃荷朝
躍於墨綬雖臨下以惣補遇以勤而望
戚功澤褰時雨廢庭候鳥儀丹景而方
隆葉縣圖龍仰玄雲而不棱是用馳心絕
發驪影重巒卑紫館而推識赴玄壇而
潔汜閶溪為鷹望南畝以充勤黍稷非馨
栢西郊而杼柚伏巔遠流仙霈曲降靈
滋徽雷文於南宮呂雲師於北陸俾夫

晏臨撫是同共受司存之賞有均榮辱
無隔幽明神而有靈伏惟尚饗

為虔州諸官祭故長史文

歲月日錄事參軍某等謹以公貲敬祭
故長史程公之靈曰半刺榮寄含都重名
土允穫展休徵有成惟祭朝而樹跡實
隔代而連聲韶襟曰照奕韻水清惠洽
千里盛如百城滉瀁風局深沉思緒布德
蘊徽訪姿絕侶密而能銜為而不憂廣亥
克逵三楷虛佇如何不祐百齡中徂嗚呼
允哉公等行無異檢才無異節幸闡道於

中軒詠承風於下列或歲遠而思重玄
情欵而識切彼遷袂而從榮尚攀輪而合
轍況埋紱而沉照諒崩心而茹血嗚呼哀哉
智焉而斃明焉而終感宴語之如昨悲儀
形之已空野寒無景山荒有風撫遺洂
易咽懷舊德而難窮敢申哀於薄奠庶迴
鑒於微衷嗚呼哀哉伏惟尚饗

為霍王祭徐王文

年月日謹遣厶官厶以厶之奠敬祭故徐國
大王之靈惟王稟靈丹極誕叙玄丘蹤參
派於銀潢權仙柯於瓊圃苴茅建社啓盤
石之宏圖剖竹調風擁維城之介福方冀

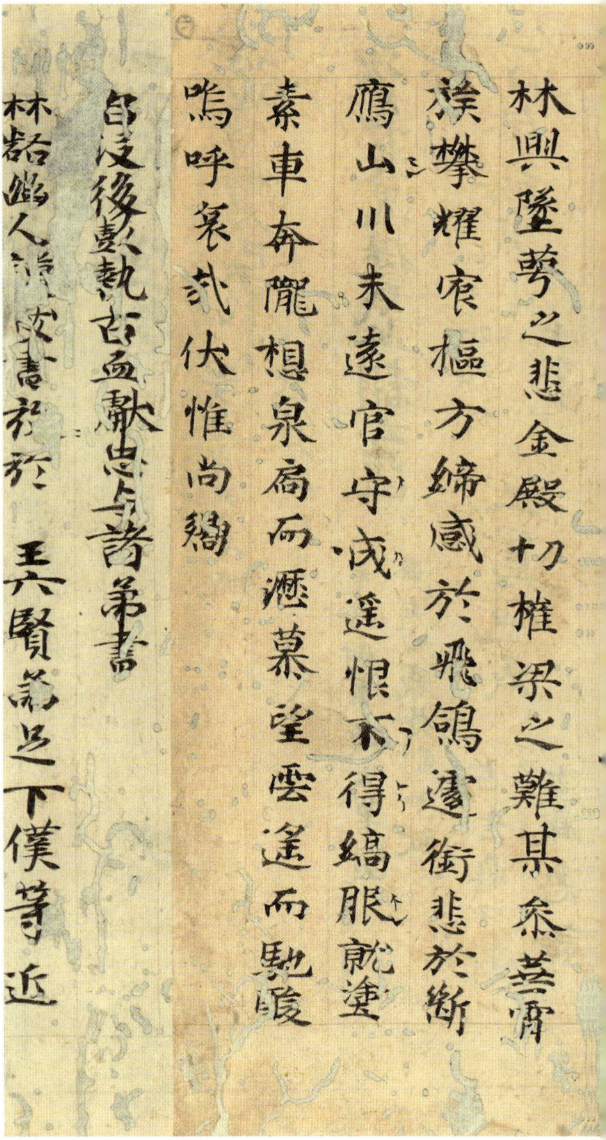
林興墜萼之悲金殿切榱梁之難某忝[illegible]齊
漾攀耀宸樞方締感於飛鴿違銜悲於斷
鴈山川未遠官守戊違恨不得縞服就塗
素車奔隴想泉扃而瀝慕望雲逵而馳魂
嗚呼哀哉伏惟尚饗
阝沒後數執古血歎忠与諸弟書
林齡幽人謹投書於於　王六賢弟足下僕等近

肆　王勃集卷卅

卧疾後數執古孟獻忠與諸弟書
林壑幽人謹啓書於於　王六賢弟足下僕等近
遊汾晉言紡山泉載想德音故来尋梅君
三伏麦風千里葭灰發而蘭泉陽澌炭舉
而陰氣昇左右琴書比當佳適豈謂
賢兄長逝化為異物筆海絶流詞峯落構
梁木其懷吾將安仗下官等懍慨耿介之
士薛蘿泉石之容過大梁而想侯嬴祭九
泉而憶隨會潘門之林沼無復琴樽孟嘗
君之池臺空餘風月傷心已矣如ゝ何ゝ
授筆潸然不能繁述惠而好我佇望披

族翁承烈書一首　論送舊書事

君適交州日路經楊府族翁承烈有書与
君書竟未達及君返後兄勔於翁處求
此書承烈有書与勔兼送舊書令並載焉
太虛中常無名曰諱不恨不見古人但恨當
今不相見耳甚〻善〻何物譬之方籍也聞
吾宗奧曰中州隨任南徼太丘道廣孔季超
庭鼓淳文高闢通室入金友玉昆之盛龍雕
豹蔚之奇窮言然數合乎神象外寰中通
其道此部夫所以未面而思名者久矣約余
早嬰痼疾不堪人事略問秀之五難同嵇
康之九患畜情穢稗之道不窺精粕之盡

飄風如風乘流若水故得心迹雙會出處
兩冥利光壯若李嬰潛其真詆色門
粹氏凝其觀是以思與晤言者共盡玄圖
之致也今生平未申意氣無託嘗謂對患
戴便乘舟夜往山陽契呂則命賀駕朝
趍豈不顧言增其致鄭嗟乎銅標万里赤岸
千圻梧野雲來惜君留滯桂林月去命我相
思橋〻吾宗達德南矣去〻天崖更超邈矣
翲〻心靈誰与論矣沈〻伏枕何時根矣無
謂形隔不余信矣適知椓泊江潯人遐路近
卯因翰墨粗飛數行乙亥年仲秋月廿有九
日濟言

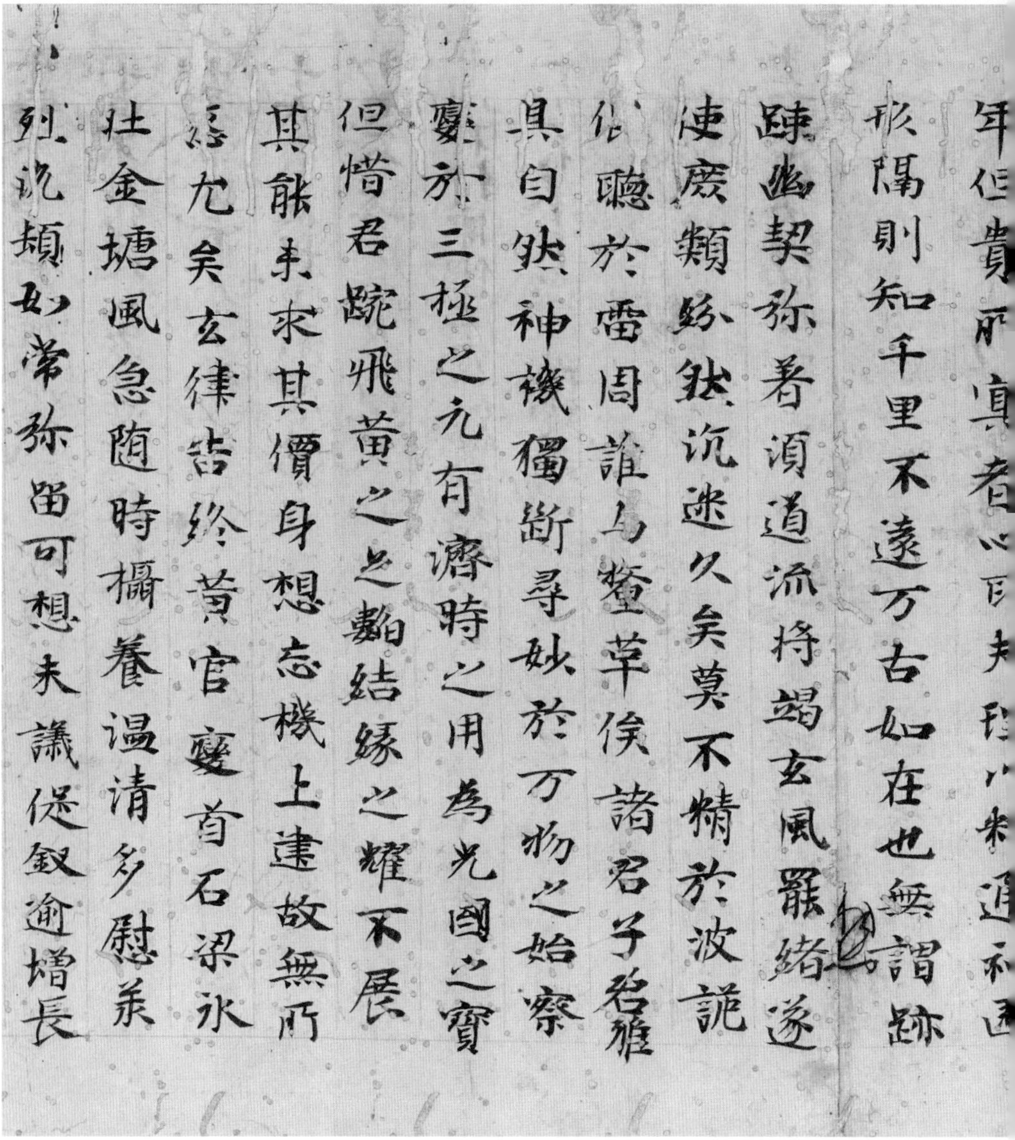
年但貴所真者[illegible]
欣陽則知千里不遠万古如在世無謂跡
跡幽契弥著須道流將竭玄風罷緒遂
使庶類紛然沉迷久矣莫不精於波詭
伏聽於雷同誰与螢草俟諸君子名雅
具自然神機獨斷尋妙於万物之始察
變於三極之元有濟時之用為光國之寶
但惜君蹤飛黄之足黝結緣之耀不展
其能未求其價身想忘機上達故無所
遜允矣玄律皆終黄官變首石梁氷
壯金墉風急隨時攝養温清多慰兼
列沉頓如常弥留可想未議偍敘逾增長

歎善自保嗇藥餌為先偶信復言聊以
述意族承烈敬謝
太丘貞善遲真氣東遊来訪疲茶也余
茲厥初同原殊派勿以南北為肄耳君三第留
壞委藂芝圃摧英楊童結歡於鄂根頹子
慟心於關里良可惜也何痛如之啜泣興哀
中来何已此意往年備叙故不能遍舉
烏曰者有書一時表意既追送不及久已
弃諸今忽訪遠有愧存没然生平素心
不可廢也旁問使者乃云亡從孫靈越在
彼關之轉增惆默今别封将往可對玄懷
焚之欲亦神理有所至也不知文筆惣

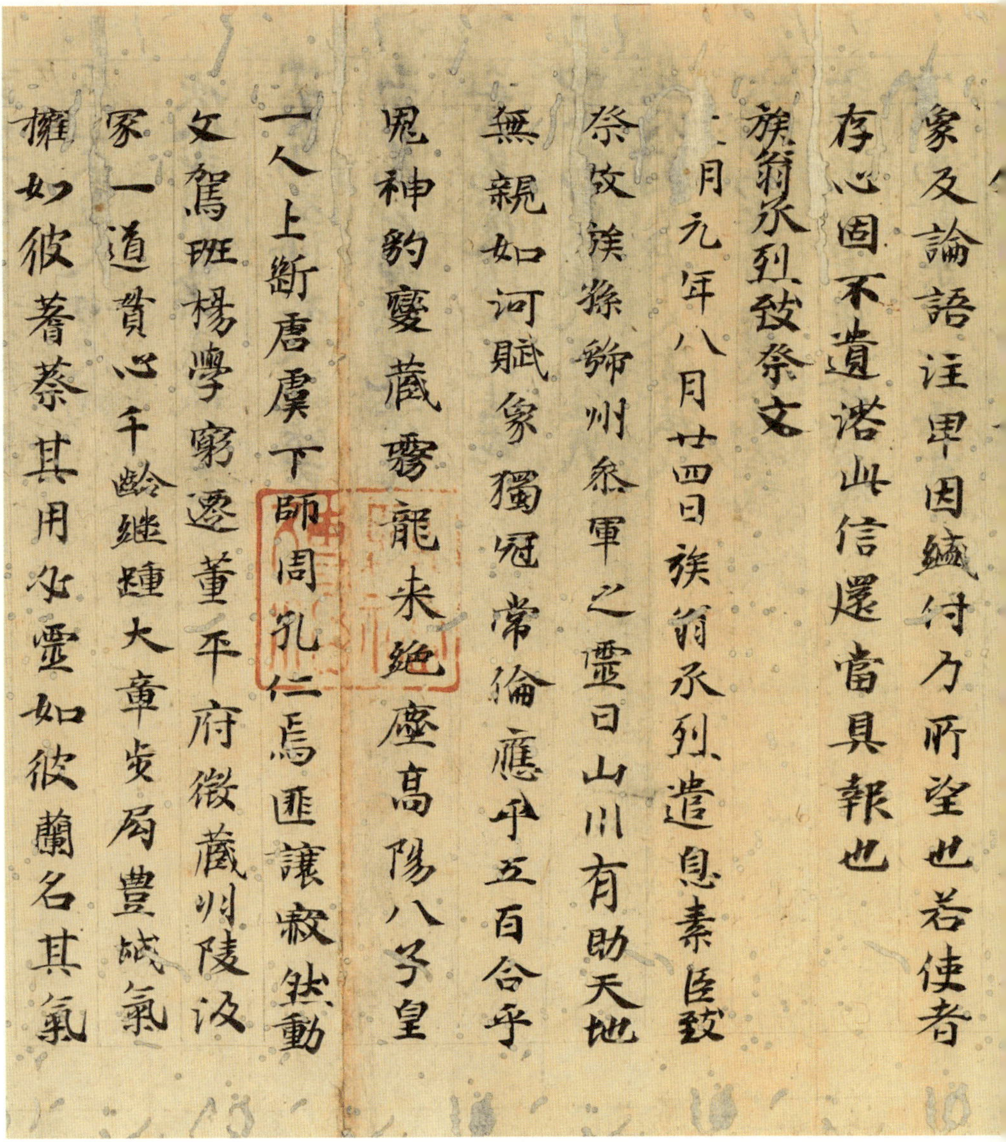
象及論語注畢因緘付乃所望也若使者
存心固不遺諾此信還當具報也
族翁承烈致祭文
□月九年八月廿四日族翁承烈遣息素臣致
祭故族孫虢州叅軍之靈曰山川有助天地
無親如河賦象獨冠常倫應乎五百合乎
鬼神豹變蔵霧龍來絶壓高陽八子皇
一人上斷唐虞下師周孔仁焉匪讓叡然動
文駕班楊學窮遷董平府徵蔵州陵汲
家一道貫心千齡繼踵大章步局豐城氣
擁如彼蓍蔡其用必靈如彼蘭名其氣

必馨曳話王邵獻策宰庭禍胎斯兆忝御
匪寧南飛繞月東聚移星九康昔往
百越今適夸䍧六縷發揮三易遠躡虞
劉遥追陸績點鸃下墜吹蟲旁射赤
蟻詒魂青魍吊客長沙賈誼闕里顏
回賢哉其盡命也無棋碎掌珠崖之曲
夢腹丹穴之隈飛黄万里而中斃大鵬六
月而先摧桃李不言而屑泣朝野有慟
而銜哀嗚呼吹律一宗本枝百代生前
不接沒後如對義託孫謀情鍾我輩領
青箱之無泯惜玄穹之不悔悲以容号
他鄉傷非春兮幾載彼鷲東會貫落西

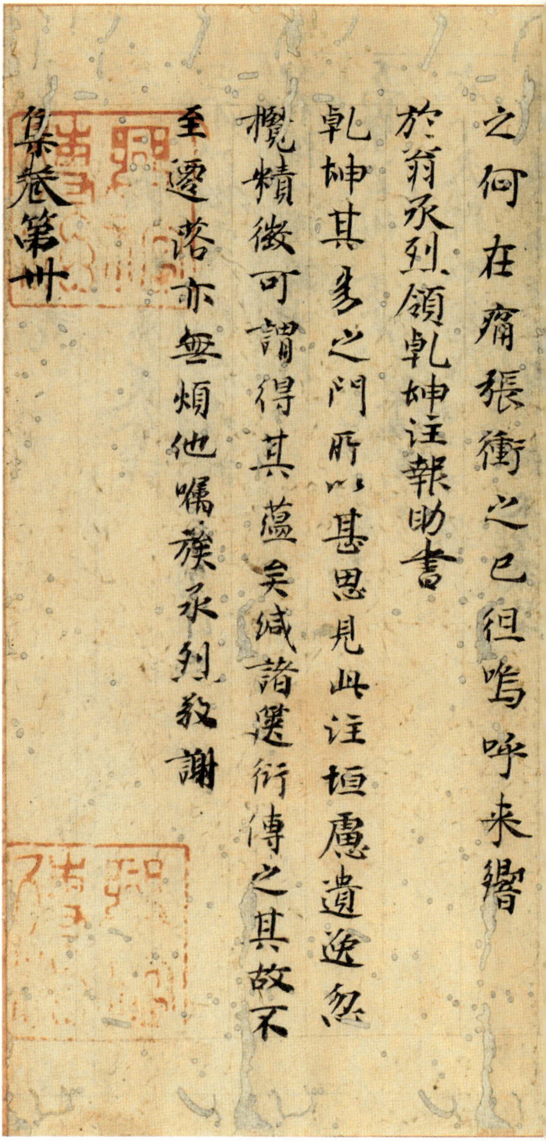
之何在府張衡之已徂嗚呼来轡
於翁承烈領乾坤注報助書
乾坤其多之門所以甚思見此注恒慮遺逸忽
攬精微可謂得其藴矣緘諸選衍傳之其故不
至遷落亦無煩他囑族承烈致謝
集卷第卅

伍　王勃集卷廿八《陸録事墓誌》斷簡

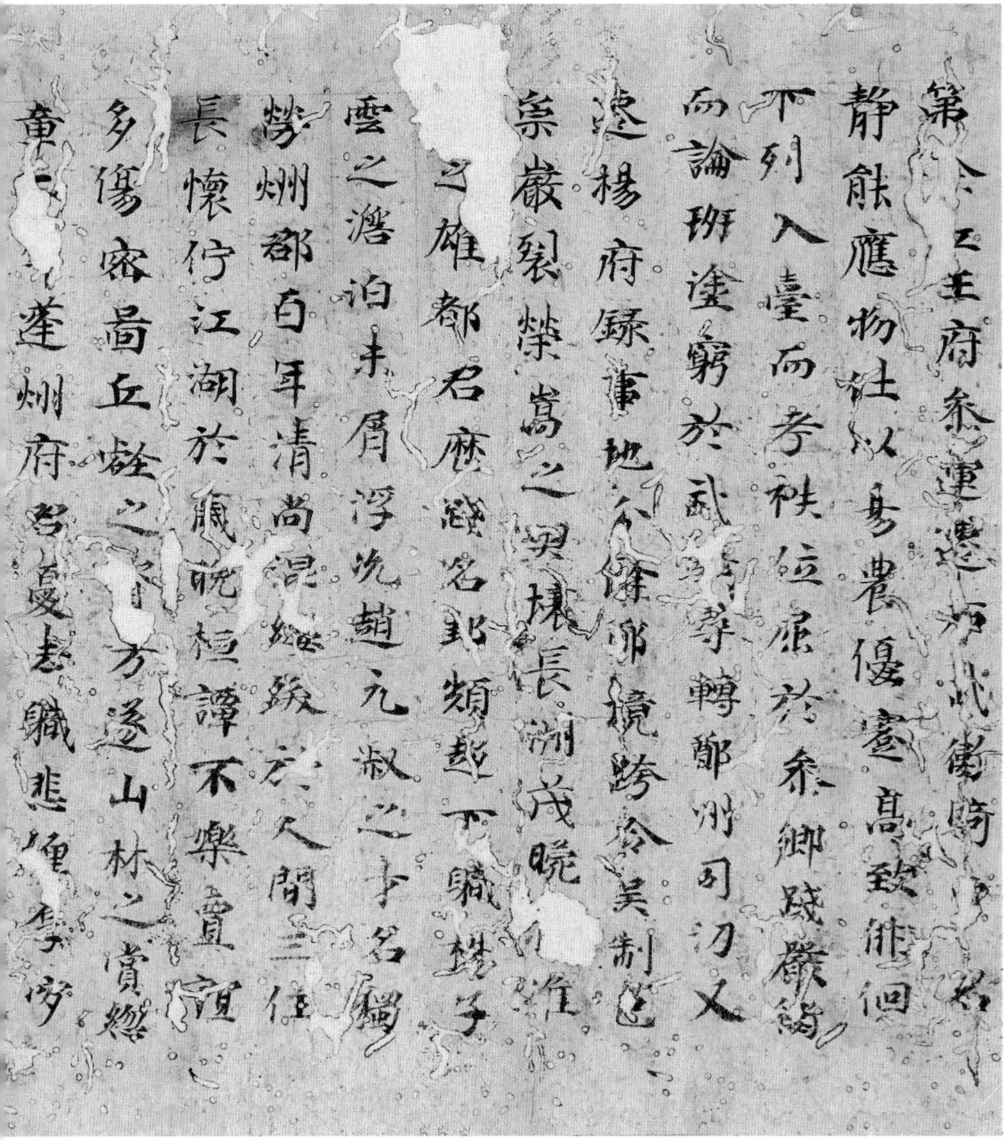

第[illegible]王府參軍遷[illegible]武衛騎[illegible]
静能應物仕以多農優寔高致排佪
下列入臺而孝秩位屈於參卿蹤欝
而論班塗窮於武[illegible]轉鄜州司功文
遂楊府録事地[illegible]餘鄉境跨[illegible]吴制邑
𡵢巖裂縈嵩之[illegible]懐長洲茂曉[illegible]
之雄都君歴職名郡頻趍下職[illegible]子
雲之潛泊未屑浮沈趙元叔之才名獨
蒙州郡百年清尚混[illegible]跡於人間三任
長懐佇江湖於[illegible]晩桓譚不樂[illegible]
多傷密昌丘[illegible]之[illegible]方遂山林之賞戀
章[illegible]逢州府名蔓志職悲傳學[illegible]

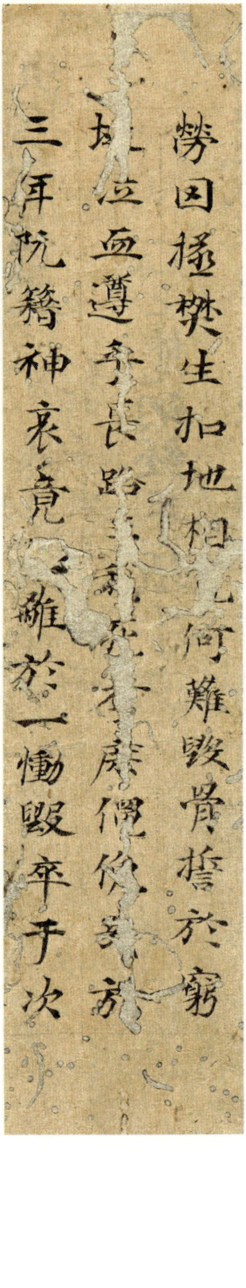

佐藤道生博士藏斷簡A

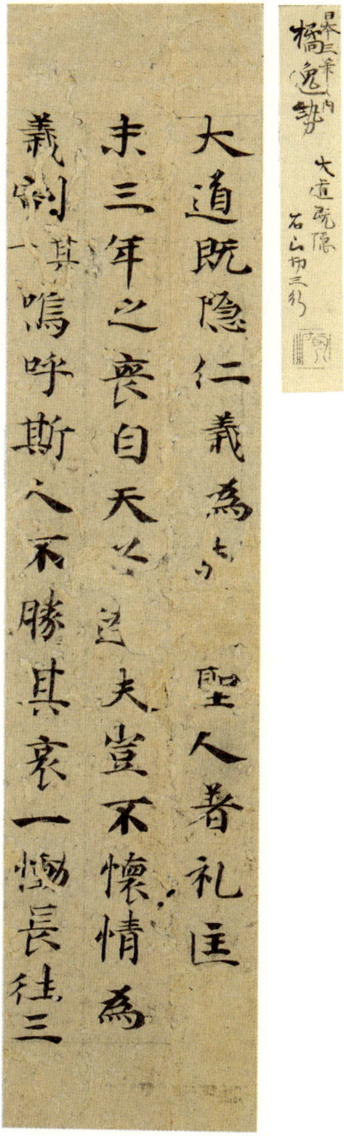
日本三筆内
橘逸勢
大道既隱
右山切三行
大道既隱仁義爲
聖人者礼匡
未三年之喪自天
夫豈不懷情爲
義制其嗚呼斯人不勝其哀一慟長往三

佐藤道生博士藏斷簡 B

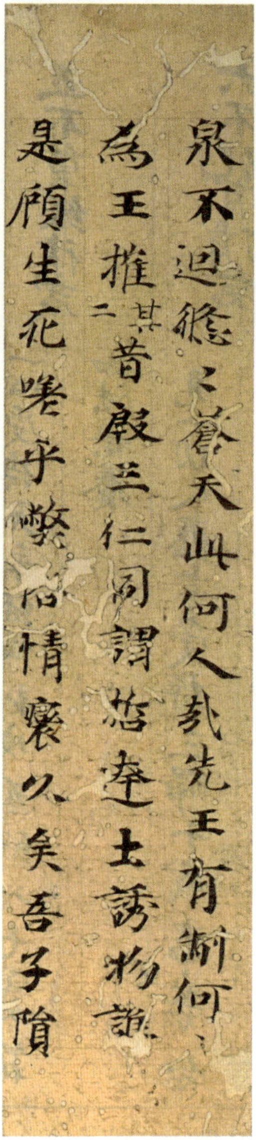

《翰墨城》所收斷簡

陸

王勃集卷廿九《過淮陰謁漢祖廟祭文》

過淮陰謁漢祖廟祭文奉　命作

維大唐上元二年歲次乙亥八月壬申朔十六日丁巳交州交阯縣令等謹以清酌之奠敬敬祭漢高皇帝之靈曰承雲命即述職兮蔆棹洛陽闕冀風而顉謁兮秘舳楚鄉憶龍顏之偉狀想虵劒之雄芒俳佪廟廡悽慨壇場君王興兮屬秦氏之亡顧六合以雷息橫九域而電翔雄圖既溢武力莫當生為帝皇兮沒垂榮光振功烈於八極留精靈於萬方昔自任以宇宙今託人以蒸嘗覩梧宇之隘逼豈神心之所康已矣哉

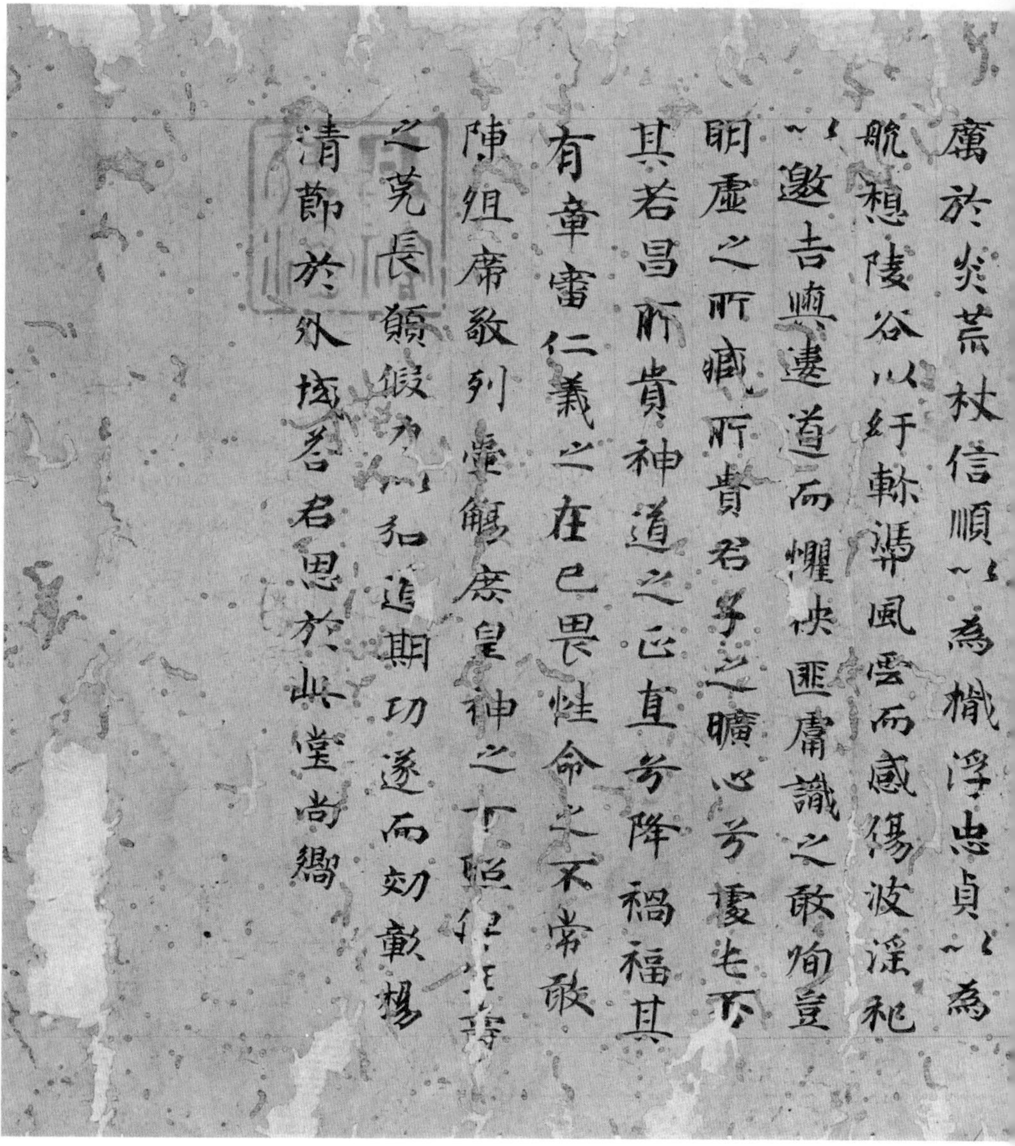

廣於炎荒杖信順〻以為檝浮忠貞〻以為
航想陵谷以紆軫馮風雲而感傷波淫祀
〻邀吉興遠道而懼悏匪肅識之敢佝豈
明虛之所藏所貴君子之曠心兮憂乜下
其若昌所貴神道之正直兮降禍福其
有章審仁義之在己畏性命之不常敢
陳俎席敘列疊觴虔皇神之下臨佇生薦
之莬長顛假〻知追期功遂而効歡楊
清節於外域君思於此堂尚饗

柒　内藤湖南《唐王勃集殘卷跋》

浪華上野有竹君藏唐鈔文集一卷〻首題墓誌下卷尾題集
卷第廿八所收墓誌三首曰達奚員外墓誌曰歸仁縣主墓誌
曰賀拔氏墓誌而陸（此下蠹蝕似錄事二字）墓誌有目無文審視紙縫
似為人截去者其書法近北朝人彷彿有顏頵傳碑杜文
雅造象遺意凡寫華字皆缺末筆乃避則天祖諱而
后制字一無所用可斷其鈔成於垂拱永昌間矣此書撰
人從未有考者嘗觀平安神田香巖君藏唐鈔過
淮陰謁漢祖廟祭文奉命作一首〻云維大唐上元二
年歲次乙亥八月壬申朔十六日丁巳交州交阯縣令䓁謹
以清酌之奠敬祭漢高皇帝之靈其體式書法全與
此墓誌同其紙縫有興福傳法印紙背寫大乘戒作法
亦並同（戒法凡八百年前我邦僧徒所寫）攷新舊唐書文苑傳王勃為虢州
參軍時殺官奴曹達事覺除名勃父福時由雍州司功
參軍坐勃故左遷交阯令上元二年勃往省父度海溺
水而卒年二十八是知祭漢祖文勃代其父而作余因終
定此墓誌為勃集殘卷按新舊唐志及文苑傳並有

輯自文苑英華諸書近時吳縣蔣氏注本又輯補詩
文若干首從楊序卷數分為廿卷雖較稱完善而遺
佚寔多我南都正倉院秘庫藏慶雲四年（即唐景龍元年）鈔
寫勃文一卷三十首其十三首宜都楊氏已輯錄於日
本訪書志中皆今本所無今復獲此四首其鈔寫時
先於秘庫本二十餘年距勃死不過十年勃文之存者莫
此為舊聞我舊刊又有勃撰釋迦如來成道記道誠註
近藏經書院活字覆印皆可以補蔣本之闕矣至其卷
數已有第廿八卷則全帙之為卅卷無復可疑固知楊序為字
譌也此書舊藏灘吉田氏卷首十一行已影刻於聆濤閣帖中
近楊星吾覆刻入留真譜　經籍訪古志稱尾張真福寺藏有舊鈔詩集
殘本一卷傳為翰林學士集終以此書亦為其殘本妄矣真福
寺本乃敍許宗編唐初君臣唱和詩當屬總集此本乃別集類豈宜
混為一但因其卷尾題集卷第二詩一體式與此本相似所以致誤訪古志又
以真福寺本為已佚陳衡山傳戀元皆襲其誤今其書現
存真福寺首尾完好並無缺逸此亦訪古志之妄傳也
墓誌三首多可與史互證者達奚員外墓誌祖武又震周書

北史並有傳墓誌逸震名而二人官銜皆与史合曾祖長墓
誌亦逸名而具書其官銜則亦史之所略負外事史失載僅
據此墓誌知北方右族之有後耳歸仁縣主墓誌父前齊
大王乃元吉為太宗所殺者史稱其五子皆坐誅縣主蓋以
女子故獨得存恤墓誌所謂雖三王絕淮國之封而原此下行立字
五女厚梁園之邑是也誌云縣主出降天水姜氏即長
道公第二子叅之新舊唐書姜謩傳謩封長道縣
公子確字行本以字顯征高昌有功令巴里坤紀功碑乃
其所刊高麗之役從至蓋牟城中流矢卒陪葬昭陵豈
縣主所降嫁歟但據史李勣拔蓋牟在貞觀十九年
四月冊府元龜貞觀十八年十一月征高麗各行軍總管中有右屯衛將軍金城縣公姜德本乃行本誤是月又有遣行軍總管姜行本少府少監丘行淹先督工匠造梯衝於安羅山事可知行本從征實在十九年行本之
死宜於此時而墓誌云貞觀廿一祀丁其憂是其不合
處史稱謩秦州上邽人即晉隋天水郡地姜遐斷碑亦
云代為天水着姓遐乃行本子史所云柔遠亦以字行也以美姿
容善敷奏事則天為內供奉者又史不云行本有兄

史文之不備楊星吾考遐從父兄葬昭陵非与妻合葬證以許洛仁陪葬昭陵其妻宋氏墓誌乃葬於長安龍首原今縣主窆於少陵之原乃萬年縣地不与行本同陪葬醴泉足加一證墓誌有子洛州參軍㲄斷碑亦有遐權考洛州及諸縣官屬事然碑既云奉制授東宮通事舍人時春闈肇建妙選賓寀是言立英王哲爲太子事其時勃死已五年而遐之權考洛州官屬又在此後十餘年且據碑云遐卒於天授二年春秋五十二遐享年據金石錄補他本止有十二字十上缺字以行本平年推之終以葉說爲長其生應在貞觀十五年先縣主降嫁三年可知遐非縣主所生而㲄名史亦不載是足備史之闕文賀拔氏墓誌祖其使持節涇州諸軍事涇州刺史按魏書周書並載賀拔岳授都督涇北豳豩二夏州、四諸軍事涇州刺史事似即此其餘皆与史不合三首文辭靡豔使事贍博唐初體格本自如盛夫勃文之奧僻自張說一行既不能盡得其出典惟蔣敬臣注其集以十年之力三易其藁字櫛句

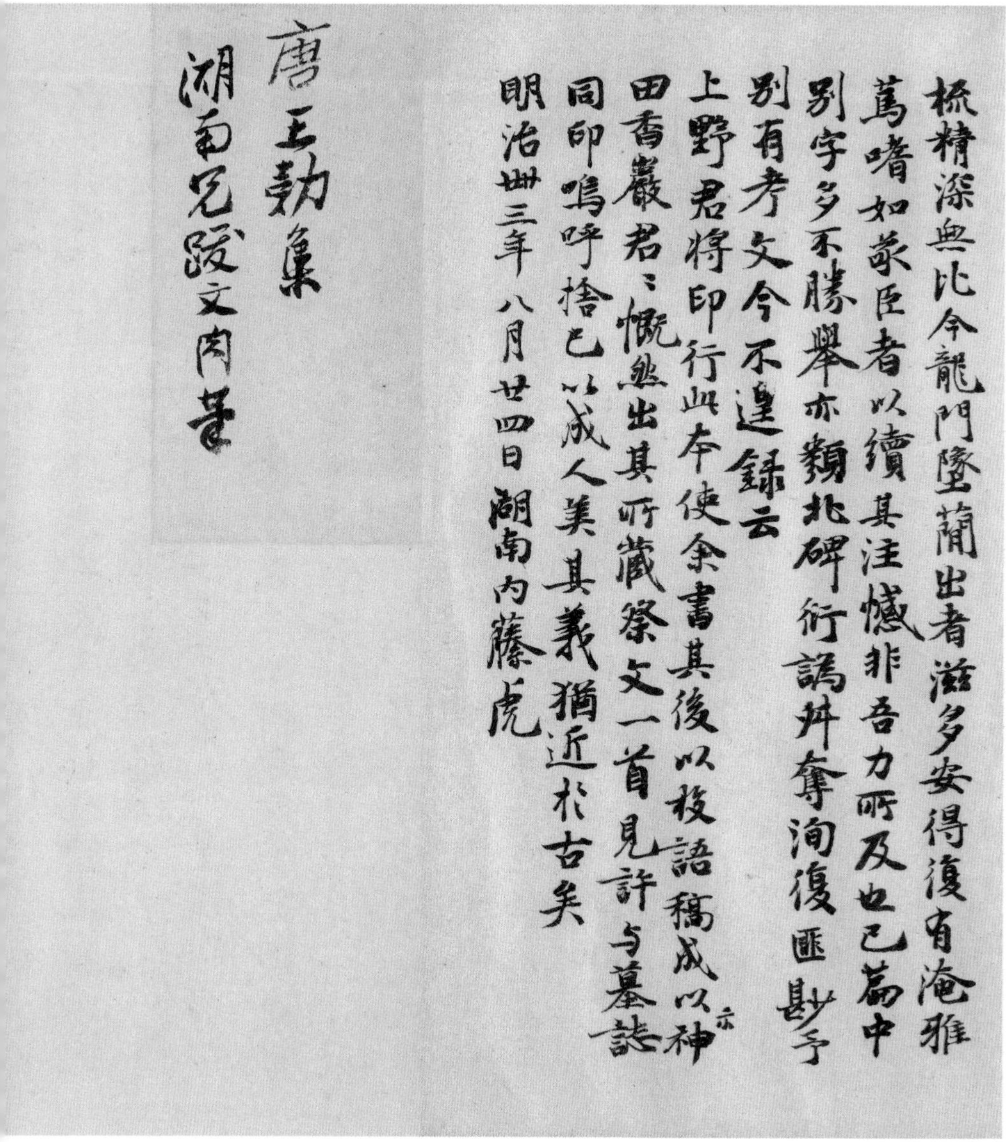
極精深無比今龍門墜蘭出者滋多安得復有淹雅
篤嗜如敬臣者以續其注憾非吾力所及也已篇中
別字多不勝舉亦類北碑衍譌并奪洵復匪尠乎
別有考文今不遑録云
上野君將印行此本使余書其後以校語稿成以神
田香巖君慨然出其所藏祭文一首見許与墓誌
同印嗚呼捨己以成人美其義猶近於古矣
明治卅三年八月廿四日湖南內藤虎

唐王勃集
湖南氏跋文同筆

柒　内藤湖南《唐王勃集殘卷跋》